# Arbeitsrecht Crashkurs

## Der sichere Weg durch die Prüfung

Prof. Dr. Maike Langenhan-Komus

# So nutzen Sie dieses Buch

Die folgenden Elemente erleichtern Ihnen die Orientierung im Buch:

*Beispiele*
*… hier finden Sie zahlreiche Beispiele, die der Vertiefung und Verbesserung des Verständnisses dienen.*

*Definitionen*
*Hier werden Begriffe erläutert.*

| *Checklisten* | |
|---|---|
| … zwecks Berücksichtigung wichtiger Aspekte | ✓ |
| … in der Klausur/in der Praxis | |

**Merke …**
… als hilfreiche Zusammenfassung der Ausführungen

**Exkurs …**
… der Vollständigkeit halber bereits vorweg angedeutet

# Inhalt

# Vorwort

Dieser *Crashkurs Arbeitsrecht* ist für einen umfassenden Einsatz konzipiert. Zum einen soll der Crashkurs dazu dienen, sich einen schnellen Überblick über die arbeitsrechtlichen Grundlagen zu verschaffen – wahlweise durch das Lesen einzelner Abschnitte oder der gesamten Lektüre. Zum anderen können Personen, die sich schon intensiv mit dem Arbeitsrecht auseinandergesetzt haben, dieses Buch zur schnellen kompakten Wiederholung des bereits Erlernten nutzen, ohne dabei von spezifischen Meinungsstreitigkeiten oder Details abgelenkt zu werden.

Um dieses Ziel zu erreichen, wird in der Regel auf die Nennung von Fundstellen und die Darstellung verschiedener Meinungen in Literatur und Rechtsprechung weitgehend verzichtet.

Beginnend mit der Einordnung der im Arbeitsrecht geltenden Vorschriften im Gesamtsystem des Rechts werden an Hand zahlreicher Beispiele die wesentlichen individualarbeitsrechtlichen Regelungen dargestellt – relevant für die Anbahnung eines Arbeitsverhältnisses, den Abschluss und den Inhalt sowie Störungen des Arbeitsverhältnisses, bis zu dessen Beendigung. Abgerundet wird der Crashkurs mit einem Exkurs zum kollektiven Arbeitsrecht sowie einer Übersicht der Besonderheiten der Arbeitsgerichtsbarkeit.

Den Leserinnen und Lesern wünsche ich eine angenehme und erkenntnisreiche Lektüre.

*Prof. Dr. iur. Maike Langenhan-Komus*

# Einführung in das Arbeitsrecht

Um die Komplexität des Arbeitsrechts richtig einschätzen zu können, bedarf es zunächst einer Darstellung der Systematik des Arbeitsrechts und der Vielzahl verschiedener Regelungen, die in unterschiedlicher Art und Weise Einfluss auf das Arbeitsrecht haben.

Sodann soll detailliert auf die Besonderheiten des Arbeitsverhältnisses eingegangen werden.

## Systematische Einordnung des Arbeitsrechts

Systematisch ist das Arbeitsrecht dem Zivilrecht als Sonderprivatrecht zuzuordnen. Der Arbeitsvertrag ist im 2. Buch des Bürgerlichen Gesetzbuchs (BGB) – dem Besonderen Schuldrecht – geregelt.

Anders als dies häufig bei sonstigen privatrechtlichen Verträgen der Fall ist, stehen sich im Arbeitsrecht zwei **nicht gleichberechtigte** Vertragsparteien gegenüber.

Denn bei der von dem Arbeitnehmer[1] geschuldeten Arbeitsleistung besteht die Besonderheit, dass es sich um eine *nicht beliebig oft erbringbare Leistung* handelt, die dessen **Existenzsicherung** dient. Der Arbeitnehmer be-

---

[1] In Anlehnung an die überwiegenden arbeitsrechtlichen gesetzlichen Grundlagen sollen in diesem Buch unter den verwendeten Begriffen *„Arbeitnehmer"* und *„Arbeitgeber"* alle Personen gemeint sein.

findet sich dadurch gegenüber dem Arbeitgeber in einem **Abhängigkeitsverhältnis.**

So äußerte sich auch das **Bundesverfassungsgericht** in einem Urteil im Jahr 2004 wie folgt: „*Arbeitsrechtliche Normen dienen dem Schutz der Arbeitnehmer, weil diese sich beim Abschluss von Arbeitsverträgen typischerweise in einer Situation struktureller Unterlegenheit befinden…*".

Um diesem besonderen Umstand Rechnung zu tragen, wird die ansonsten im Zivilrecht geltende **Privatautonomie** zum Schutz der Arbeitnehmer durch das Arbeitsrecht teilweise eingeschränkt.

> *Beispiel*
> *A benötigt dringend einen Job. Sie ist so verzweifelt, dass sie sich gegenüber der U im Arbeitsvertrag bereit erklärt, dauerhaft auf ihren Urlaubsanspruch zu verzichten.*
>
> *Diese Vereinbarung verstößt gegen § 3 Abs. 1 BUrlG (Bundesurlaubsgesetz) und ist deswegen unwirksam. A hat trotz der vertraglichen Vereinbarung mit U einen Anspruch auf den gesetzlichen Mindesturlaub nach den zwingenden Vorschriften des Bundesurlaubsgesetzes.*

## Individual- und Kollektivarbeitsrecht

Das deutsche Arbeitsrecht ist besonders geprägt durch zahlreiche Vorschriften, die insbesondere dem **Schutz des Arbeitnehmers** dienen. Hierbei wird zwischen den individualrechtlichen und den kollektivrechtlichen Vorschriften unterschieden.

Das **Individualarbeitsrecht** regelt die Rechtsbeziehung zwischen Arbeitgeber und dem einzelnen Arbeitnehmer als **Individuum.** Die unterschiedlichen auf das Rechtsverhältnis anwendbaren Gesetze regeln die jeweiligen individuellen Fallkonstellationen zwischen den Vertragsparteien. Die Parteien sind an diese individualrechtlichen Vorschriften gebunden.

*Beispiel*

*Arbeitnehmer A möchte gern fortan in Teilzeit für seinen Arbeitgeber – die Unternehmerin U – arbeiten und macht deswegen seinen Teilzeitanspruch gegenüber U geltend.*

*In Betracht kommt hier ein individueller gesetzlicher Anspruch auf Teilzeit nach den Vorschriften des Teilzeit- und Befristungsgesetzes (TzBfG). Sofern die gesetzlichen Voraussetzungen für eine Gewährung des Teilzeitanspruchs nach § 8 TzBfG vorliegen, hat A gegenüber U einen individuellen Anspruch auf Verringerung seiner Arbeitszeit entsprechend der Vorschriften des auf das Arbeitsverhältnis anwendbaren Teilzeit- und Befristungsgesetzes.*

Das **kollektive Arbeitsrecht** regelt die Stellung der Arbeitnehmer als **Kollektiv** gegenüber dem Arbeitgeber.

Hierzu zählt die **Mitbestimmung** im Betrieb nach den Vorschriften des Betriebsverfassungsgesetzes (BetrVG) und das **Tarifvertrags- und Arbeitskampfrecht.**

Die Mitbestimmung auf Unternehmensebene ist hingegen dem **Gesellschaftsrecht** (Mitbestimmungsgesetz, Montanmitbestimmungsgesetz, Drittelbeteiligungsgesetz) zuzuordnen.

***Beispiel***

*U möchte in seinem Unternehmen Videoüberwachung des Betriebsgeländes einführen.*

*Da bei U ein Betriebsrat existiert, ist dieser gemäß § 87 Abs. 1 Nr. 6 BetrVG zu beteiligen.*

*Die Beteiligung des Betriebsrats fällt unter das kollektive Arbeitsrecht. Voraussetzung für die Anwendung dieser Vorschrift ist zunächst, dass in dem Betrieb überhaupt ein Betriebsrat nach § 1 BetrVG existiert. Hiernach kann ein Betriebsrat gewählt werden, wenn ein Betrieb mit in der Regel mindestens fünf wahlberechtigten Arbeitnehmern, von denen drei wählbar sind, vorliegt.*

Für die Beurteilung eines arbeitsrechtlichen Sachverhalts ist daher stets zu unterscheiden, ob es sich um individual- oder kollektivrechtliche Fragestellungen handelt. Diese rechtliche Einordnung ist für die Anwendbarkeit der verschiedenen Vorschriften von entscheidender Bedeutung.

! Das Arbeitsrecht unterscheidet zwischen Individual- und Kollektivarbeitsrecht, wie sich aus dieser vereinfachten Darstellung erkennen lässt:

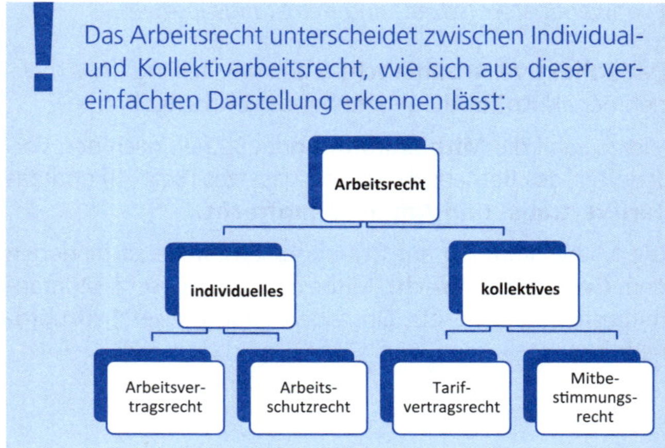

## Akteure des Arbeitsrechts

Im Arbeitsrecht sind die verschiedenen beteiligten Akteure mit besonderen Rechten und Pflichten ausgestattet.

Von besonderer Relevanz sind hierbei zum einen die Arbeitsvertragsparteien – **Arbeitnehmer** und **Arbeitgeber** – und zum anderen auf kollektivrechtlicher Ebene der **Betriebsrat** und die **Tarifvertragsparteien.**

Liegt ein **Arbeitsvertrag** zwischen Arbeitnehmer und Arbeitgeber vor, so findet das **Arbeitsrecht** auf dieses Vertragsverhältnis Anwendung.

Die Grundform des Arbeitsvertrags ist seit 2017 im Besonderen Schuldrecht des Bürgerlichen Gesetzesbuchs in **§ 611a BGB** geregelt.

Aufgrund der erheblichen Konsequenzen, die die Anwendung der arbeitsrechtlichen Regelungen für die Beteiligten mit sich bringen, ist es notwendig, jede einzelne Fallkonstellation dahingehend rechtlich zu beurteilen, ob tatsächlich das Vorliegen eines Arbeitsvertrags zu bejahen ist.

### Arbeitnehmer

Nach **§ 611a BGB** wird der **Arbeitnehmer** durch den Arbeitsvertrag im Dienste eines anderen zur Leistung **weisungsgebundener, fremdbestimmter Arbeit in persönlicher Abhängigkeit** verpflichtet.

Damit die Arbeitnehmereigenschaft bejaht werden kann, müssen die Parteien einen **privatrechtlichen Vertrag** abgeschlossen haben. Beamte, Richter und Soldaten sind daher nicht als Arbeitnehmer zu qualifizieren.

Durch den Vertrag muss der Arbeitnehmer zur Leistung von **Diensten** verpflichtet sein. Der Arbeitsvertrag stellt einen Unterfall des Dienstvertrags nach § 611 BGB dar.

Der Arbeitsvertrag unterscheidet sich insofern vom Werkvertrag nach § 631 BGB, wonach der Unternehmer gegenüber dem Besteller einen Erfolg und nicht das bloße Tätigwerden schuldet.

Bis zur Einführung des § 611a BGB beurteilte sich der Arbeitsvertrag nach § 611 BGB unter Berücksichtigung der umfassenden **arbeitsgerichtlichen Rechtsprechung** – insbesondere des **Bundesarbeitsgerichts (BAG).**

Die Notwendigkeit des Rückgriffs auf zahlreiche arbeitsgerichtliche Entscheidungen (das sog. Richterrecht) ist grundsätzlich – auch bei anderen Rechtsfragen – ein wesentlicher Aspekt bei der Beurteilung arbeitsrechtlicher Sachverhalte.

Im Unterschied zum einfachen Dienstvertrag nach § 611 BGB besteht seitens des Arbeitnehmers eine **persönliche Abhängigkeit** gegenüber dem Arbeitgeber.

Wesentliche Elemente sind seitens des Arbeitnehmers die **Weisungsgebundenheit** und die **Eingliederung in eine fremde Arbeitsorganisation.**

Dadurch unterscheidet sich der Arbeitnehmer vom Selbständigen. **Selbständig** ist nach § 84 HGB, wer im Wesentlichen frei seine Tätigkeit gestalten und seine Arbeitszeit bestimmen kann.

*Definition*

**Arbeitnehmer** *ist nach § 611a BGB, wer durch Vertrag im Dienste eines anderen zur Leistung weisungsgebundener, fremdbestimmter Arbeit in persönlicher Abhängigkeit verpflichtet ist.*

Bei der Prüfung, ob ein Arbeitsverhältnis vorliegt, sind die **Gesamtumstände** maßgeblich. Hierbei ist zu untersuchen, wie das Arbeitsverhältnis *tatsächlich ausgestaltet* und von den Vertragsparteien in der Praxis *gelebt* wird.

*Beispiel*

*A arbeitet in der Fabrik der U in der Montage in Vollzeit. Die beiden Vertragsparteien haben einen Vertrag geschlossen, in dem es u. a. heißt: „Die Parteien sind sich einig, dass der folgende Vertrag keinen Arbeitsvertrag darstellt". Nach Vertragsschluss arbeitet A jeden Tag für U nach deren Weisungen und entsprechend dem von U aufgestellten Schichtplan. Da A Vollzeit bei U arbeitet, kann er seinen Lebensunterhalt vollständig aus dieser Vergütung bestreiten.*

*A würde nun gern bezahlten Urlaub in Anspruch nehmen und fragt sich, ob er doch als Arbeitnehmer zu qualifizieren ist und ihm deswegen der gesetzliche Mindesturlaub zusteht.*

*Aufgrund der tatsächlichen Umstände ist dieses Vertragsverhältnis trotz der im Vertrag anderslautenden Vereinbarung als Arbeitsverhältnis nach § 611a BGB einzustufen. Als Konsequenz kommen arbeitsrechtliche (und sozialversicherungsrechtliche) Vorschriften für die Vertragsparteien zur Anwendung. A hat gegenüber U einen Anspruch auf den gesetzlichen Mindesturlaub nach den Vorschriften des Bundesurlaubsgesetzes.*

In verschiedenen arbeitsrechtlich relevanten Gesetzen finden sich zusätzlich Definitionen des Begriffs des Arbeitnehmers. Die jeweiligen Definitionen sind auf den tatsächlichen Anwendungsbereich des jeweiligen Gesetzes abgestimmt.

> ***Beispiel***
> *Definitionen des Arbeitnehmerbegriffs finden sich beispielsweise im Arbeitsgerichtsgesetz (ArbGG), im Arbeitszeitgesetz (ArbZG) und im Betriebsverfassungsgesetz (BetrVG). So werden in § 5 ArbGG, § 2 Abs. 2 ArbZG und § 5 BetrVG der Begriff des Arbeitnehmers für den konkreten Anwendungsbereich der jeweiligen Gesetze legaldefiniert.*

Ferner werden Arbeitnehmer nach herrschender Meinung als **Verbraucher** nach § 13 BGB mit den damit verbundenen rechtlichen Konsequenzen qualifiziert.

In § 611a BGB wird der Arbeitsvertrag gesetzlich normiert.

Nach einer Gesamtwürdigung aller Einzelumstände unter Berücksichtigung der Verkehrsauffassung ist eine wertende Beurteilung vorzunehmen, ob das Bestehen eines Arbeitsverhältnisses bejaht werden kann.

Die förmliche Bezeichnung des Vertragsverhältnisses ist dabei unerheblich.

### *Arbeiter und Angestellte*

In § 622 Abs. 1 BGB werden Arbeitnehmer als **Arbeiter** und **Angestellte** legaldefiniert. In der Praxis hat diese Unterscheidung hinsichtlich der Rechtsfolgen nahezu keine Bedeutung mehr.

Entsprechend der Verkehrsauffassung werden als Arbeiter diejenigen qualifiziert, die überwiegend körperliche Arbeit leisten, während Angestellte überwiegend geistige Arbeit leisten.

### *Leitende Angestellte*

Für Arbeitnehmer, die als **leitende Angestellte** spezifische unternehmerische Aufgaben mit erheblicher Bedeutung und eigenem Entscheidungsspielraum wahrnehmen, gelten im Arbeitsrecht besondere Regelungen. Aufgrund ihrer Arbeitgebernähe werden leitende Angestellte im Gegensatz zu anderen Arbeitnehmern vom Anwendungsbereich einiger Vorschriften ausgenommen.

> ***Beispiel***
> *Leitende Angestellte werden gemäß §§ 3, 4 BetrVG nicht vom Anwendungsbereich des Betriebsverfassungsgesetzes umfasst, es besteht nur ein eingeschränkter Kündigungsschutz nach § 14 KSchG und das Arbeitszeitgesetz findet auf leitende Angestellte nach § 18 Abs. 1, Nr. 1 ArbZG keine Anwendung.*

### *Arbeitnehmerähnliche Personen*

Grundsätzlich findet das Arbeitsrecht auf Selbständige, die nach § 84 HGB im Wesentlichen frei ihre Tätigkeit gestalten und ihre Arbeitszeit bestimmen, keine Anwendung. Für

**arbeitnehmerähnliche Personen** gelten jedoch zusätzlich Besonderheiten, die in verschiedenen arbeitsrechtlichen Gesetzen geregelt sind.

Entsprechend zahlreicher Entscheidungen des Bundesarbeitsgerichts sind als arbeitnehmerähnliche Personen diejenigen zu qualifizieren, die wegen ihrer **wirtschaftlichen Unselbständigkeit** in einer **ähnlichen Abhängigkeit** stehen wie ein Arbeitnehmer und deshalb auch **ähnlich schutzbedürftig** sind.

> *Beispiel*
> *Besondere Vorschriften zur Anwendbarkeit arbeitsrechtlicher Regelungen auf arbeitnehmerähnliche Personen finden sich beispielsweise im Bundesurlaubsgesetz, im Arbeitsgerichtsgesetz sowie im Arbeitsschutzgesetz. Nach § 2 S. 2 BUrlG, § 5 Abs. 1 S. 2 ArbGG und § 2 Abs. 2 Nr. 3 ArbSchG werden arbeitnehmerähnliche Personen Arbeitnehmern gleichgestellt.*

## Arbeitgeber

Der Arbeitgeberbegriff ist gesetzlich nicht ausdrücklich definiert. Nach Rechtsprechung des Bundesarbeitsgerichts ist Arbeitgeber, wer mindestens einen Arbeitnehmer beschäftigt.

Gemäß § 611a BGB ist der **Arbeitgeber** Vertragspartner des Arbeitnehmers. Er hat gegenüber dem Arbeitnehmer einen Anspruch auf Erbringung der Arbeitsleistung. Außerdem resultieren aus der Arbeitgeberstellung besondere Rechte und Pflichten.

Neben einer **natürlichen Person** kann der Arbeitgeber auch eine **juristische Person** oder eine **Personengesellschaft** sein.

## Betrieb

Der Betriebsbegriff ist im kollektiven Arbeitsrecht – insbesondere im Betriebsverfassungsgesetz – von entscheidender Bedeutung.

### Definition

*Ein **Betrieb** ist die Organisationseinheit, innerhalb der ein Arbeitgeber mit seinen Arbeitnehmern unter Einsatz von sächlichen und immateriellen Mitteln bestimmte arbeitstechnische Zwecke verfolgt.*

*Nach herrschender Auffassung ist dabei insbesondere die organisatorische Einheit das entscheidende Kriterium für den Betriebsbegriff.*

Das Betriebsverfassungsrecht differenziert ferner zwischen dem **Betriebsteil** nach §§ 1, 4 BetrVG und dem **Gemeinschaftsbetrieb** nach § 1 BetrVG.

## Unternehmen

Ein **Unternehmen** ist eine wirtschaftliche Organisationseinheit, der ein oder mehrere Betriebe zugeordnet sind. Während eine natürliche Person mehrere Unternehmen haben kann, kann eine juristische Person nur ein Unternehmen haben (sog. Einheit des Rechtsträgers).

### Beispiel

*Ein Unternehmen betreibt mehrere Standorte. Hierbei handelt es sich jeweils um unterschiedliche Betriebe.*

## Betriebsrat

Der **Betriebsrat** ist das nach den Vorschriften des Betriebsverfassungsgesetzes von den wahlberechtigten Arbeitnehmern gewählte kollektive Organ. Aufgabe des Betriebsrats ist es, die Interessen der Belegschaft des Betriebs gegenüber dem Arbeitgeber als Betriebsinhaber wahrzunehmen. Um die Interessen der Arbeitnehmer adäquat wahrnehmen zu können, stehen dem Betriebsrat nach den Vorschriften des Betriebsverfassungsgesetzes zahlreiche Beteiligungsrechte zu.

Die **Mitwirkungs- und Mitbestimmungsrechte** des Betriebsrats beziehen sich auf **allgemeine, soziale, personelle und wirtschaftliche Angelegenheiten** und die **Gestaltung von Arbeitsplatz, -ablauf und -umgebung.** Die dem Betriebsrat zustehenden Rechte sind hinsichtlich ihrer Wirkung unterschiedlich intensiv ausgestaltet. Je nach Beteiligungsbereich ist eine Anhörung bis hin zu einer „echten Mitbestimmung" des Betriebsrats gesetzlich vorgesehen.

Der Betriebsrat hat aufgrund der Vorschriften des Betriebsverfassungsgesetzes zahlreiche Mitwirkungs- und Mitbestimmungsrechte, die hinsichtlich ihrer Wirkung und Intensität unterschiedlich ausgestaltet sind.

## Tarifvertragsparteien

Die Koalitionsfreiheit ist verfassungsrechtlich durch **Art. 9 Abs. 3 GG** besonders geschützt.

Das Tarifvertragsgesetz (TVG) definiert **Gewerkschaften, einzelne Arbeitgeber** sowie **Vereinigungen von Arbeit-**

**gebern** als Tarifvertragsparteien, die für die tarifgebundenen Parteien Tarifverträge abschließen. Tarifverträge haben erheblichen Einfluss auf bestehende Arbeitsverträge.

Das Tarifrecht ist auch sozialpolitisch von großer Relevanz.

## Arbeitsrechtliche Vorschriften im deutschen Rechtssystem

Wie auch in anderen Rechtsgebieten des deutschen Rechts, findet im Arbeitsrecht das **Rangprinzip** Anwendung. Diese Grundsätze gelten ebenso für **Tarifverträge** und **Betriebsvereinbarungen.**

Die im Arbeitsrecht geltenden Vorschriften müssen daher grundsätzlich mit höherrangigem – auch internationalem – Recht vereinbar sein. Die **ranghöhere** Regelung geht demnach der rangniederen Regelung grundsätzlich vor (*lex superior derogat legi inferiori*).

Handelt es sich um **gleichrangige** Rechtsquellen, gehen **speziellere** Regelungen den allgemeineren Regelungen vor (*lex specialis derogat legi generali*).

Ein besonderes im Arbeitsrecht geltendes Prinzip ist das **Günstigkeitsprinzip,** wonach eine für den Arbeitnehmer günstigere Regelung eine für ihn ungünstigere – auch ranghöhere – Regelung verdrängt.

### EU-Recht

Häufig stellen arbeitsrechtliche gesetzliche Vorschriften die notwendige Umsetzung bestehender **EU-Richtlinien** dar.

Zu der fristgerechten Umsetzung der EU-Richtlinien in nationales Recht sind die EU-Mitgliedstaaten rechtlich verpflichtet. Erst nach erfolgter Umsetzung in den jeweiligen Mitgliedstaaten in nationales Recht sind die Inhalte der EU-Richtlinien für die umsetzenden Mitgliedstaaten rechtlich bindend.

**EU-Verordnungen** gelten im Gegensatz dazu in den EU-Mitgliedstaaten unmittelbar. Einer Umsetzung in nationales Recht bedarf es dann nicht.

> *Beispiel*
> *Die Datenschutzgrundverordnung (DSGVO) galt nach deren Erlass als EU-Verordnung unmittelbar ohne eines weiteren Umsetzungsaktes in allen Mitgliedstaaten der EU.*
>
> *Die Teilzeitrichtlinie RL 97/81/EG musste zunächst in nationales Recht in Form des Teilzeit- und Befristungsgesetzes umgesetzt werden, um dadurch rechtliche Wirksamkeit zu entfalten.*

## Grundgesetz

Die verfassungsrechtlich garantierten Grundrechte finden, mit Ausnahme des Art. 9 Abs. 3 GG, im Arbeitsrecht **keine unmittelbare Wirkung.** Denn Grundrechte binden nur den Staat.

Den Grundrechten kommt jedoch **mittelbare Rechtswirkung** zu. Das bedeutet, dass diese bei objektiven Wertentscheidungen und generell bei der Auslegung und Beurteilung der Sachverhalte zu berücksichtigen sind.

Von besonderer Relevanz ist etwa die mittelbare Wirkung des Gleichbehandlungsgrundsatzes nach Art. 3 GG, der Berufsfreiheit nach Art. 12 GG sowie des allgemeinen Persönlichkeitsrechts nach Art. 2 i. V. m. Art 1 Abs. 1 GG.

> *Beispiel*
> *Das Bundesarbeitsgericht hält es in Anlehnung an die Berufsfreiheit aus Art. 12 GG für erforderlich, dass Rückzahlungsklauseln im Zusammenhang mit der arbeitgeberseitigen Übernahme von Fortbildungskosten hinsichtlich Bindungsdauer und Rückzahlungshöhe angemessen sein müssen.*

## Gesetze und Verordnungen

Da sich Arbeitnehmer und Arbeitgeber aufgrund der besonderen Natur des Arbeitsvertrags nicht gleichberechtigt gegenüberstehen, dienen viele Vorschriften dem Schutz des Arbeitnehmers. Viele arbeitsrechtliche Vorschriften führen daher aufgrund der besonderen schutzbedürftigen Stellung des Arbeitnehmers faktisch zu einer teilweisen Einschränkung der Vertragsfreiheit der Parteien.

Da das Arbeitsrecht gem. Art. 72, 74 Nr. 12 GG Gegenstand der **konkurrierenden Gesetzgebung** ist, befinden sich die arbeitsrechtlichen Regelungen überwiegend in den **Bundesgesetzen.**

> *Beispiel*
> *Regelungen zur Entgeltfortzahlung befinden sich bundeseinheitlich im Entgeltfortzahlungsgesetz (EFZG).*
>
> *Die Länder können zusätzlich zu den bundeseinheitlichen Feiertagen in ihren Sonn- und Feiertagsgesetzen weitere Feiertage festlegen und haben hiervon teilweise Gebrauch gemacht.*

Um die Vielzahl der unterschiedlichen arbeitsrechtlichen Gesetze deutlich zu machen, sollen einige der im Rahmen eines Arbeitsverhältnisses regelmäßig anzuwendenden Vorschriften exemplarisch aufgeführt werden.

*Beispiel*

- *Bürgerliches Gesetzbuch (BGB)*
- *Handelsgesetzbuch (HGB)*
- *Gewerbeordnung (GewO)*
- *Allgemeines Gleichbehandlungsgesetz (AGG)*
- *Arbeitszeitgesetz (ArbZG)*
- *Bundesurlaubsgesetz (BUrlG)*
- *Entgeltfortzahlungsgesetz (EFZG)*
- *Mindestlohngesetz (MiLoG)*
- *Mutterschutzgesetz (MuSchG)*
- *Teilzeit- und Befristungsgesetz (TzBfG)*
- *Kündigungsschutzgesetz (KSchG)*
- *Betriebsverfassungsgesetz (BertrVG)*
- *Tarifvertragsgesetz (TVG)*
- *Arbeitsgerichtsgesetz (ArbGG)*
- *(…)*

Neben den formellen Gesetzen existieren einige wenige zusätzliche **Verordnungen,** wie beispielsweise die Arbeitsstättenverordnung.

Grundsätzlich gilt nach Art. 31 GG **„Bundesrecht bricht Landesrecht“,** sodass bundesrechtliche Gesetze und Verordnungen den landesrechtlichen Regelungen (Landesverfassung, Gesetzen und Verordnungen) stets vorgehen.

Viele arbeitsrechtliche Gesetze sind **einseitig zwingend** konzipiert. Dies liegt in der Natur des Arbeitsrechts, durch welches der Arbeitnehmer besonders geschützt wird. Diese Regelungen können daher nicht zu Lasten des Arbeitnehmers abbedungen werden.

Eine Abweichung von einem Gesetz zu Lasten des Arbeitnehmers ist nur dann möglich, wenn das Gesetz nicht zwingend, sondern **dispositiv** ist.

*Beispiel*
*Arbeitnehmer A und Arbeitgeber U haben einen Arbeitsvertrag abgeschlossen, wonach die Kündigungsfrist des A länger als die Kündigungsfrist des U sein soll.*

*Eine solche Vereinbarung ist gemäß § 622 Abs. 6 BGB unwirksam. Hiernach darf für die Kündigung des Arbeitsverhältnisses durch den Arbeitnehmer keine längere Frist vereinbart werden, als für die Kündigung durch den Arbeitgeber.*

Im Gegensatz zu den einseitig zwingenden Vorschriften unterliegen die **uneingeschränkt dispositiven Vorschriften** der freien Vertragsgestaltung der Vertragsparteien.

*Beispiel*
*Die Arbeitsvertragsparteien A und U einigen sich darauf, dass A ihre Vergütung bereits vor Erbringung ihrer Leistung erhält.*

*Nach § 614 S. 1 BGB ist die Vergütung nach der Leistung der Dienste zu entrichten. Da es sich bei dieser Vorschrift um dispositives Recht handelt, können die Vertragsparteien A und U jedoch eine solche abweichende Regelung vereinbaren.*

Besonderheiten gelten außerdem, wenn auf das Arbeitsverhältnis zusätzlich Tarifrecht zur Anwendung kommt.

Aufgrund der **Tarifdispositivität** ist es möglich, dass den Tarifvertragsparteien ausnahmsweise gestattet werden kann, auch **zuungunsten** des Arbeitnehmers von gesetzlichen Regelungen abzuweichen.

*Beispiel*

*Die Arbeitsvertragsparteien A und U sind beide an einen Tarifvertrag gebunden, der vorsieht, dass die Kündigungsfrist für beide Parteien nach fünfjährigem Bestand in dem Unternehmen einen Monat betragen soll.*

*Eigentlich würde diese Regelung nicht im Einklang mit § 622 Abs. 2 Nr. 2 BGB stehen. Jedoch ist gemäß § 622 Abs. 4 BGB eine solche Abweichung – auch zuungunsten des Arbeitnehmers – ausnahmsweise zulässig.*

Ebenso ist es möglich, dass ein **Tarifvertrag** Abweichungen durch eine **Betriebsvereinbarung** zulassen kann, wenn eine solche Abweichung gesetzlich vorgesehen ist.

*Beispiel*

*Das Arbeitszeitgesetz normiert in den §§ 7, 12 ArbZG, dass abweichende Regelungen in einem Tarifvertrag oder aufgrund eines Tarifvertrags in einer Betriebs- oder Dienstvereinbarung möglich sind.*

Aufgrund der **mittelbaren Wirkung des verfassungsrechtlichen Gleichheitssatzes aus Art. 3 GG** ist die Gleichbehandlung im Arbeitsrecht von wesentlicher Bedeutung.

Das Allgemeine Gleichbehandlungsgesetz (AGG) enthält konkretisierende Vorschriften zur Erreichung der **Gleichbehandlung** und zum **Diskriminierungsverbot.** Ziel des Gesetzes ist es, Benachteiligungen aus denen im Gesetz bestimmten Merkmalen zu verhindern oder zu beseitigen.

Zusätzlich ist im Arbeitsrecht der **gewohnheitsrechtlich** anerkannte **arbeitsrechtliche Gleichbehandlungsgrundsatz** zu beachten. Dieses Rechtsinstitut ergibt sich aus der **Fürsorgepflicht des Arbeitgebers,** die grundrechtskonform ausgelegt wird. Hiernach darf der Arbeitgeber einzelne Arbeitnehmer im Vergleich zu anderen Arbeitnehmern nicht willkürlich schlechter stellen.

Im Arbeitsrecht gilt der vom Arbeitgeber zu beachtende arbeitsrechtliche Gleichbehandlungsgrundsatz.

So entschied das Bundesarbeitsgericht beispielsweise 1996, dass der arbeitsrechtliche Grundsatz der Gleichbehandlung vom Arbeitgeber die Gleichbehandlung von Arbeitnehmern in vergleichbarer Lage verlange. Nicht nur die willkürliche Schlechterstellung einzelner Arbeitnehmer in der Gruppe, sondern auch eine sachfremde Gruppenbildung verbiete sich.

Nach höchstrichterlicher Rechtsprechung ist grundsätzlich die **willkürliche Schlechterstellung** einzelner Arbeitnehmer unzulässig. Eine individuelle Begünstigung einzelner

Arbeitnehmer, die nur einen sehr kleinen Teil der Belegschaft ausmachen, ist hingegen zulässig.

Das Bundesarbeitsgericht entschied 2002, dass der arbeitsrechtliche Gleichbehandlungsgrundsatz nur die willkürliche Schlechterstellung einzelner Arbeitnehmer aus sachfremden Gründen gegenüber anderen in vergleichbarer Lage befindlichen Arbeitnehmern verbiete. Dies verhindere jedoch nicht die Begünstigung einzelner Arbeitnehmer.

In der Praxis und in der Fallbearbeitung bedarf es daher im Einzelfall einer detaillierten Beurteilung des Sachverhalts, ob eine unzulässige Ungleichbehandlung und ein Verstoß gegen das Diskriminierungsverbot vorliegen.

*Beispiel*

*Der arbeitsrechtliche Gleichbehandlungsgrundsatz kann entsprechend der Rechtsprechung des Bundesarbeitsgerichts nicht zur Begründung eines Zahlungsanspruchs herangezogen werden, wenn es sich um individuell vereinbarte Löhne und Gehälter handelt und der Arbeitgeber nur einzelne Arbeitnehmer besserstellt.*

## Tarifvertrag und Betriebsvereinbarung

Tarifverträge und Betriebsvereinbarungen haben eine große Bedeutung im **kollektiven Arbeitsrecht.** Für das Tarifvertragsrecht befinden sich im **Tarifvertragsgesetz** (TVG) die maßgeblichen Vorschriften, während sich die Wirksamkeit von Betriebsvereinbarungen nach den Vorschriften des **Betriebsverfassungsgesetzes** (BetrVG) beurteilt.

Nach § 4 Abs. 1 TVG gelten die Rechtsnormen des Tarifvertrags unmittelbar und zwingend zwischen den beiderseits tarifgebundenen Parteien, die unter den Geltungsbereich des Tarifvertrags fallen. Tarifgebunden sind nach § 3 TVG die Mitglieder der **Tarifvertragsparteien** (Gewerkschaften und Arbeitgeberverbände) und der Arbeitgeber, der selbst Partei des Tarifvertrags ist.

Abweichungen hiervon sieht § 4 Abs. 3 TVG in Form der sog. **Öffnungsklausel** und dem besonderen im Arbeitsrecht geltenden sog. **Günstigkeitsprinzip** vor.

Durch Öffnungsklauseln besteht die Möglichkeit, abweichende Abmachungen zu treffen, soweit dies durch den Tarifvertrag gestattet wird. So ist es möglich, dass abweichende Betriebsvereinbarungen getroffen werden können.

Das Günstigkeitsprinzip gewährleistet, dass auch eine Abweichung durch eine rangniedere Regelung ausnahmsweise zulässig ist, wenn diese für den Arbeitnehmer günstiger ist. Trotz einer bestehenden ranghöheren Regelung findet dann eine für den Arbeitnehmer günstigere Regelung ausnahmsweise Anwendung.

Sowohl vorhandene Öffnungsklauseln als auch das Günstigkeitsprinzip sind Besonderheiten des Arbeitsrechts, die bei der Fallbearbeitung zwingend zu berücksichtigen sind.

> *Beispiel*
> *Die tarifgebundenen Arbeitsvertragsparteien A und U haben im Arbeitsvertrag einen jährlichen Erholungsurlaub in Höhe von 30 Tagen vereinbart.*
>
> *Die Anzahl der Urlaubstage übersteigt zugunsten des A den im allgemeinverbindlichen Tarifvertrag vorgesehen Urlaub in Höhe von 26 Tagen und ist daher aufgrund des Günstigkeitsprinzips nach § 4 Abs. 3 TVG wirksam.*

**Betriebsvereinbarungen** sind nach § 77 BetrVG Vereinbarungen zwischen Betriebsrat und Arbeitgeber, die nach § 77 Abs. 4 BetrVG unmittelbar und zwingend gelten. Der Abschluss einer Betriebsvereinbarung setzt voraus, dass in dem Betrieb überhaupt ein Betriebsrat von den Arbeitnehmern gewählt wurde.

In § 77 Abs. 3 S. 2 BetrVG wird auf die Besonderheit der **Öffnungsklausel** Bezug genommen.

Es ist allgemein anerkannt, dass das **Günstigkeitsprinzip analog** auch für Betriebsvereinbarungen Anwendung findet. Das Günstigkeitsprinzip gilt daher, obgleich es an einer ausdrücklichen gesetzlichen Regelung im Zusammenhang mit Betriebsvereinbarungen fehlt. Eine rangniedere günstigere Regelung geht deswegen dann einer Regelung in einer Betriebsvereinbarung ausnahmsweise vor.

> *Beispiel*
> *A ist Arbeitnehmerin bei U, in deren Betrieb eine Betriebsvereinbarung besteht, wonach der Erholungsurlaub 28 Tage beträgt. Der im Betrieb geltende allgemeinverbindlich Tarifvertrag sieht einen Urlaubsanspruch von 26 Tagen vor. Der Tarifvertrag enthält eine Klausel, wo-*

*nach der Abschluss ergänzender Betriebsvereinbarungen ausdrücklich zugelassen wird.*

*Aufgrund dieser Öffnungsklausel hat A daher einen Urlaubsanspruch von 28 Tagen aus der Betriebsvereinbarung.*

*Ohne eine solche Öffnungsklausel würde aufgrund der Regelung in § 77 Abs. 3 S. 1 BetrVG lediglich der tarifvertragliche Urlaubsanspruch in Höhe von 26 Tagen bestehen.*

Bei der Beurteilung der Sachverhalte sind die Umstände eines jeden Einzelfalls genau zu untersuchen.

Bei der Falllösung sind die Normenhierarchie sowie eventuell bestehende Öffnungsklauseln und das Günstigkeitsprinzip besonders zu berücksichtigen.

## Arbeitsvertragliche Regelungen

Das Vertragsverhältnis der Arbeitsvertragsparteien – in Form eines Arbeitsvertrags – ist in **§ 611a BGB** gesetzlich geregelt.

Auf dieser Ebene sind zusätzlich die **betriebliche Übung** und die **Gesamtzusage** von besonderer Relevanz. Sowohl die betriebliche Übung als auch die Gesamtzusage begründen einen **Rechtsanspruch** der Arbeitnehmer gegenüber ihrem Arbeitgeber.

Unter der **betrieblichen Übung** versteht man das wiederholte, gleichförmige Verhalten des Arbeitgebers, aufgrund dessen die Arbeitnehmer davon ausgehen können, dass der

Arbeitgeber dieses Verhalten auch in Zukunft fortsetzen wird. Die betriebliche Übung wird durch die Rechtsprechung näher definiert.

Grundsätzlich sind sowohl die **Rechtsprechung** nationaler Gerichte als auch des **Europäischen Gerichtshofs (EuGH)** von großer Bedeutung im Arbeitsrecht. Dieses sog. **Richterrecht** stellt zwar keine Rechtsquelle dar, es dient jedoch als Orientierung und ist stets bei der Auslegung der Vorschriften zu beachten. Die Spruchpraxis der Gerichte und Grundsatzurteile der obersten Gerichte können im Einzelfall in der Praxis auch Gesetzesänderungen durch die Legislative nach sich ziehen.

Die Rechtsprechung der Gerichte und aktuelle Entwicklungen sind bei der Auslegung im Arbeitsrecht und der Beurteilung der verschiedenen Sachverhalte stets zu berücksichtigen.

Von einer **betrieblichen Übung** geht die Rechtsprechung bei dreimaliger vorbehaltloser Gewährung einer Leistung des Arbeitgebers aus. Weist der Arbeitgeber nicht ausdrücklich darauf hin, dass die Leistung keinen Rechtsanspruch für die Zukunft begründen soll, so kommt es durch die betriebliche Übung stillschweigend zu einer **Vertragsänderung.**

Die **Gesamtzusage** ist eine Willenserklärung des Arbeitgebers gegenüber allen Arbeitnehmern, die einen Vorteil zum Gegenstand hat und die nach den Vorschriften des Allgemeinen Teils des BGB die ausdrückliche oder stillschweigende Annahme der Angebotsempfänger voraussetzt. Auch hieraus entsteht ein Rechtsanspruch seitens der Arbeitnehmer gegenüber ihrem Arbeitgeber.

*Beispiel*

*Der Arbeitgeber U zahlt an seine Arbeitnehmer drei Jahre hintereinander kommentarlos Weihnachtsgeld mit dem 12. Monatsgehalt aus. Obgleich es an einer arbeitsvertraglichen oder tarifvertraglichen Regelung fehlt, haben die Arbeitnehmer fortan gegenüber U einen Anspruch auf Zahlung des Weihnachtsgeldes.*

*Die Entstehung eines Rechtsanspruchs der Arbeitnehmer hätte U vermeiden können, wenn er seine Belegschaft jeweils im Zusammenhang mit der Auszahlung darauf hingewiesen hätte, dass durch die Zahlung kein Rechtsanspruch für die Zukunft entstehen solle.*

Aus dem Arbeitsvertrag nach § 611a BGB entstehen gegenseitige Ansprüche der Vertragsparteien.

Zusätzlich können Ansprüche des Arbeitnehmers gegenüber dem Arbeitgeber aus betrieblicher Übung oder einer Gesamtzusage entstehen.

## Weisungsrecht des Arbeitgebers

Dem Arbeitgeber steht gegenüber den Arbeitnehmern ein **Weisungsrecht** (auch **Direktionsrecht**) zu.

Nach § 611a Abs. 1 S. 2 BGB kann das Weisungsrecht den Inhalt, die Durchführung, Zeit und Ort betreffen. Ergänzend hierzu findet **§ 106 GewO** Anwendung. Hierin ist geregelt, dass der Arbeitgeber Inhalt, Ort und Zeit der Arbeitsleistung nach **billigem Ermessen** bestimmen kann, soweit diese Arbeitsbedingungen nicht durch den Arbeitsvertrag, Bestimmungen einer Betriebsvereinbarung, eines anwendbaren Tarifvertrags oder gesetzliche Vorschriften festgelegt sind.

Das Weisungsrecht des Arbeitgebers besteht nicht schrankenlos. Das Weisungsrecht kann nur im Einklang mit denen für das Arbeitsverhältnis geltenden höherrangigen Regelungen ausgeübt werden.

Im Einzelfall ist zu prüfen, ob eine Weisung des Arbeitgebers von dem ihm gegenüber dem Arbeitnehmer zustehenden Weisungsrecht gedeckt ist. Ist dies nicht der Fall, so liegt eine vom Arbeitnehmer nicht zu befolgende rechtswidrige Weisung vor.

***Beispiel***

*Die Arbeitnehmerin A ist beim Arbeitgeber U in der Buchhaltung als kaufmännische Angestellte beschäftigt. U will A zeitweise anweisen, im Lager die Waren zu kommissionieren.*

*A ist als kaufmännische Angestellte laut Arbeitsvertrag für U tätig. Beim Kommissionieren handelt es sich um eine völlig andere Tätigkeit, die nicht dem vertraglich vereinbarten Aufgabenbereich entspricht. Die Weisung des U ist somit nicht von dessen Weisungsrecht gedeckt. Diese rechtswidrige Weisung braucht A daher nicht zu befolgen.*

Um ein besseres Verständnis der Komplexität der arbeitsrechtlichen Systematik zu erreichen, soll folgende Abbildung das Zusammenspiel der verschiedenen Regelungen in einer vereinfachten Darstellung veranschaulichen. In den folgenden Abschnitten wird auf einzelne Aspekte zum Teil noch detaillierter eingegangen werden.

Im Arbeitsrecht findet das in der Abbildung vereinfacht dargestellte Rangprinzip Anwendung:

## Besonderheiten des Arbeitsverhältnisses

Liegt ein **Arbeitsvertrag** zwischen **Arbeitnehmer** und **Arbeitgeber** vor, so findet das Arbeitsrecht in seiner Gesamtheit auf dieses Vertragsverhältnis Anwendung.

Da sich der Gesetzgeber dazu entschieden hat, das Arbeitsrecht nicht in einem einzelnen Gesetz zu regeln, kommen somit zahlreiche unterschiedliche Regelungen verschiedener Rechtsquellen zur Anwendung.

Bei der Anwendung des Arbeitsrechts und der Frage, inwieweit die im Zivilrecht ansonsten geltende **Privatautonomie** aufgrund der besonderen Schutzbedürftigkeit des Arbeitnehmers zum Teil eingeschränkt wird, sind die verschiedenen Phasen eines Arbeitsverhältnisses zu berücksichtigen. Dabei ist insbesondere zwischen der **Begründung,** dem **Inhalt,** der **Störung** und der **Beendigung** des Arbeitsverhältnisses zu unterscheiden.

## Begründung des Arbeitsverhältnisses

Die Einordnung eines Vertrags als Arbeitsvertrag nach § 611a BGB hat weitreichende Konsequenzen. Der Dienstverpflichtete erhält mit Abschluss des Arbeitsvertrags den **Status** eines **Arbeitnehmers** gegenüber seinem Vertragspartner dem **Arbeitgeber.**

Aus der Bejahung des Arbeitnehmerstatus folgt, dass das Arbeitsrecht auf dieses Vertragsverhältnis – das **Arbeits-**

**verhältnis** – mit den damit einhergehenden Rechten und Pflichten für die Beteiligten Anwendung findet.

Das Arbeitsverhältnis wird durch den Arbeitsvertrag begründet und stellt die Gesamtheit der Rechtsbeziehung der Vertragsparteien dar.

Hierbei ist jedoch schon die **Anbahnungsphase** des Arbeitsverhältnisses – vor dem eigentlichen Abschluss des Arbeitsvertrags – zu berücksichtigen. In dieser Phase finden ebenfalls besondere arbeitsrechtliche Regeln Anwendung.

## Anbahnung des Arbeitsverhältnisses

Bereits in der **Anbahnung** des Arbeitsverhältnisses sind arbeitsrechtliche Aspekte zu berücksichtigen.

So ist beispielsweise in Betrieben mit **Betriebsrat** dieser nach §§ 92 ff. BetrVG schon im Vorfeld bei der **Personalplanung** zu beteiligen.

Sowohl die Stellenausschreibung als auch das Auswahlverfahren müssen unter Beachtung des Allgemeinen Gleichbehandlungsgesetzes **diskriminierungsfrei** erfolgen. Geschieht dies nicht, können Bewerberinnen und Bewerber (im Folgenden: Arbeitnehmer[2]) ggf. z. B. nach den Vorschriften des Allgemeinen Gleichbehandlungsgesetzes (AGG) Scha-

---

[2] Da sich die Ausführungen hier auf eine Bewerbung mit dem Ziel des Abschlusses eines Arbeitsverhältnisses und der Konsequenz der Bejahung der Arbeitnehmereigenschaft im Falle eines Vertragsabschlusses beziehen, soll im Folgenden bereits in diesem Stadium der Begriff *„Arbeitnehmer"* für die Stelleninteressierten verwendet werden.

densersatzansprüche geltend machen. Ein Anspruch auf Einstellung resultiert aus diesem Gesetz jedoch **nicht.**

Liegt eine Diskriminierung im Rahmen eines Bewerbungsverfahrens vor, so kommt ein Anspruch auf Schadensersatz nach § 15 Abs. 1 AGG auf Ersatz des Vermögensschadens in Betracht.

Liegt eine Verletzung des allgemeinen Persönlichkeitsrechts durch den Arbeitgeber vor, so kommt außerdem ein Anspruch aus § 15 Abs. 2 AGG auf Ersatz der Nichtvermögensschadens in Betracht.

Mit Einführung des AGG gingen bei Arbeitgebern zum Teil Bewerbungen einzig mit dem Ziel ein, bei Nichteinstellung den Schadensersatz aus § 15 Abs. 2 AGG geltend zu machen (sog. AGG-Hoppping). Der Europäische Gerichtshof hat auf eine Vorlagefrage des Bundesarbeitsgerichts festgestellt, dass eine nicht ernstliche Bewerbung nicht von der dem AGG zugrundeliegenden EU-Gleichbehandlungsrichtlinie erfasst werde, sodass ein Entschädigungsanspruch nach AGG in einem solchen Fall zugunsten des AGG-Hoppers nicht besteht.

Ein Verstoß gegen das Benachteiligungsverbot führt gem. § 15 Abs. 6 AGG nicht zu einem Einstellungsanspruch.

Die Stellenausschreibung stellt rechtlich **kein** Angebot seitens des Arbeitgebers dar. Es handelt sich um eine Aufforderung zur Angebotsabgabe (sog. *invitatio ad offerendum*) gegenüber potenziellen Arbeitnehmern. Diese werden hierdurch aufgefordert, mittels ihrer Bewerbung ein Angebot auf die Stelle abzugeben. Der Arbeitgeber kann dann entscheiden, ob er das jeweilige Angebot annimmt oder nicht.

Das Bewerbungsverfahren ist als **vorvertragliches Schuldverhältnis** im Sinne des **§ 311 Abs. 2 BGB** mit den daraus resultierenden Rechten und Pflichten aus **§ 241 Abs. 2 BGB** zu qualifizieren. Diese treffen sowohl den Arbeitgeber als auch die Arbeitnehmer.

## *Pflichten des Arbeitgebers*

Bereits im Bewerbungsverfahren treffen den Arbeitgeber verschiedene Pflichten gegenüber dem Arbeitnehmer, die von ihm im Bewerbungsprozess zu beachten sind.

So hat der Arbeitgeber gegenüber dem Arbeitnehmer eine **Aufklärungspflicht** über Umstände, die zukünftig zu einer vorzeitigen Beendigung des Arbeitsverhältnisses führen könnten. Dies entspricht dem Schutzgedanken des Arbeitsrechts im Verhältnis zum Arbeitnehmer. Der Arbeitnehmer soll bei einer für ihn so weitreichenden Entscheidung – den Abschluss eines Arbeitsvertrags, der im Falle eines Arbeitsplatzwechsels sogar mit der Beendigung eines bereits bestehenden Arbeitsvertrags verbunden ist – über eventuelle den Vertrag gefährdende Risiken in Kenntnis gesetzt werden.

> ***Beispiel***
> *Plant der Arbeitgeber im Zeitpunkt des Bewerbungsverfahrens einen Abbau von Stellen oder befindet er sich in finanziellen Problemen und wird dadurch der Vertragsschluss gefährdet, so besteht eine Aufklärungspflicht des Arbeitgebers über diese Umstände.*

Während des gesamten Verfahrens sind vom Arbeitgeber ferner **Schweige- und Datenschutzpflichten** zu beachten. Der Arbeitgeber hat entsprechend der datenschutzrechtlichen Vorschriften mit den Daten des Arbeitnehmers umzugehen und ist verpflichtet, die ihm zugänglich gemachten Informationen nicht an Dritte weiterzugeben. Denn in dem Bewerbungsverfahren – dem vorvertraglichen Schuldverhältnis – muss sich der Arbeitnehmer darauf verlassen können, dass seine beruflichen Pläne und Daten vertraulich behandelt werden.

Schließt der Arbeitgeber nicht explizit die Übernahme der Vorstellungskosten aus und fordert er den Bewerber individuell zur Vorstellung auf, so hat er dem Arbeitnehmer die für die Vorstellung entstehenden **Aufwendungen,** wie z. B. Reisekosten, nach § 670 BGB zu ersetzen. Im Gegensatz hierzu sind Bewerbungskosten nur dann vom Arbeitgeber zu erstatten, wenn der Arbeitgeber die Vorlage außergewöhnlicher Unterlagen vom Arbeitnehmer fordert.

Die Problematik, welche Fragen der Arbeitgeber gegenüber dem Arbeitnehmer stellen darf, war in der Vergangenheit immer wieder Gegenstand zahlreicher höchstrichterlicher Entscheidungen. Hierbei bedarf es einer Abwägung der beiderseitigen Interessen der Parteien. Zum einen das Interesse des Arbeitgebers, möglichst viele Informationen über den Arbeitnehmer im Bewerbungsverfahren zu erhalten. Zum anderen das Interesse des Arbeitnehmers, nicht alle Informationen – vor allem persönliche und private Aspekte – über sich preisgeben zu wollen.

Während des Bewerbungsverfahrens hat der Arbeitgeber gegenüber dem Arbeitnehmer nur dann ein Fragerecht – so das Bundesarbeitsgericht –, wenn dieser im Hinblick auf das Arbeitsverhältnis ein berechtigtes, billigenswertes und schutzwürdiges Interesse an der Beantwortung der Frage hat.

Ein solches – vom Bundesarbeitsgericht gefordertes – **berechtigtes Interesse** ist nur dann gegeben, wenn das Interesse des Arbeitgebers so gewichtig ist, dass dahinter das Interesse des Arbeitnehmers, seine persönlichen Lebensumstände zum Schutz seines **Persönlichkeitsrechts** und zur Sicherung der Unverletzlichkeit seiner Individualsphäre geheim zu halten, zurückzutreten hat.

Dies führt in der Praxis dazu, dass das Fragerecht des Arbeitgebers hinsichtlich persönlicher Belange des Arbeitnehmers erheblich **eingeschränkt** ist. Diese Einschränkung ergibt sich sowohl aus der umfassenden Rechtsprechung der letzten Jahrzehnte als auch aus den Vorschriften des **Diskriminierungs- und Datenschutzrechts.**

Stellt der Arbeitgeber dennoch unzulässige Fragen, so hat der Arbeitnehmer das Recht, die Frage **unwahr** zu beantworten. Denn ohne ein solches **„Recht zur Lüge"** auf **unzulässige Fragen** des Arbeitgebers – so die Rechtsprechung – würde das Schweigen des Arbeitnehmers auf eine unzulässige Frage den Verdacht erregen, er habe etwas zu verbergen, mit der Folge, dass der erfolgreiche Vertragsabschluss gefährdet würde.

Erteilt der Arbeitnehmer hingegen **freiwillig ungefragte Auskünfte,** so besteht ein solches Recht zur Lüge **nicht.**

Ein Fragerecht des Arbeitgebers ist nur dann zu bejahen, wenn dieser an Informationen ein berechtigtes Interesse hat.

Stellt der Arbeitgeber eine unzulässige Frage, so führt dies zur Verletzung des Persönlichkeitsrechts des Arbeitnehmers, mit der Folge, dass diesem dann ein „Recht zur Lüge" zusteht.

Zu den rechtlich zulässigen Fragen im Rahmen eines Bewerbungsverfahrens existieren eine umfassende Judikatur und zahlreiche Kommentierungen – etwa des Allgemeinen Gleichbehandlungsgesetzes –, auf die im Einzelfall in der Praxis und bei der Fallbearbeitung zurückgegriffen werden sollte.

Beispielhaft sollen im Folgenden sowohl einige zulässige als auch unzulässige Fragen des Arbeitgebers dargestellt werden.

*Beispiel*

*Zulässige Fragen des Arbeitgebers:*

- *Bisheriger beruflicher Werdegang*
- *Kompetenzen / Sprachniveau*
- *Versetzungsbereitschaft*
- *Bestehende Wettbewerbsverbote*

*Unzulässige Fragen des Arbeitgebers:*

- *Schwangerschaft*
- *Alter*
- *Gewerkschaftszugehörigkeit*

- *Zugehörigkeit zu politischer Partei*
- *Religionszugehörigkeit*
- *Familienverhältnisse, Heiratsabsichten, Familienplanung*

***Unzulässige Fragen des Arbeitgebers und besondere Fallkonstellationen:***

- *Behinderung – es sei denn, die zu verrichtende Arbeit ist hierdurch unmöglich*
- *Krankheiten – es sei denn, schwerwiegende (ansteckende) Krankheiten, die für die Arbeit relevant sind*
- *Vorstrafen – es sei denn, diese stehen im unmittelbaren Zusammenhang mit der Tätigkeit (Verkehrsdelikt – Berufskraftfahrer)*

## *Pflichten des Arbeitnehmers*

Es liegt in der Natur eines Bewerbungsverfahrens, dass der Arbeitnehmer ein Interesse daran hat, seine besonderen Stärken besonders zu betonen, um den Arbeitgeber von seiner Eignung überzeugen zu können.

Dennoch trifft den Arbeitnehmer eine **Offenbarungspflicht** gegenüber dem Arbeitgeber über Umstände, deren Kenntnis für den Arbeitgeber unverzichtbar sind. Diese Pflicht besteht aus **Treu und Glauben nach § 242 BGB,** wenn der Arbeitgeber eine Aufklärung erwarten darf. Diese Offenbarungspflicht des Arbeitnehmers wird vom Bundesarbeitsgericht bejaht, wenn die betreffenden Umstände dem Arbeitnehmer die Erfüllung des Arbeitsverhältnisses unmöglich machen oder sonst für den Arbeitsplatz von ausschlaggebender Bedeutung sind.

Unter Berücksichtigung dieser Aspekte kann deswegen sogar eine an sich unzulässige Frage des Arbeitgebers im Bewerbungsverfahrens aufgrund der Umstände des Einzelfalls doch als zulässig erachtet werden. Dies hat zufolge, dass auch in diesem Fall der Arbeitnehmer diese Frage **wahrheitsgemäß** zu beantworten hat.

*Beispiel*

*A bewirbt sich bei U auf eine Stelle als Bäckermeisterin. Sie verschweigt im Vorstellungsgespräch ihre Mehlallergie, die in ihrer bisherigen beruflichen Laufbahn immer wieder zu langen krankheitsbedingten Abwesenheiten geführt hat.*

*A wäre aufgrund der bestehenden Offenbarungspflicht zur Aufklärung über ihre gesundheitlichen Einschränkungen im Bewerbungsgespräch verpflichtet gewesen.*

*Außerdem wäre sie zur wahrheitsgemäßen Beantwortung im Fall einer Frage des Arbeitgebers zum Vorliegen von Krankheiten, die evtl. für die Arbeit relevant sein könnten, verpflichtet gewesen.*

*Im Falle des Vertragsschlusses könnte der Arbeitgeber U diesen Vertrag wegen arglistiger Täuschung durch Unterlassen nach § 123 Abs. 1 BGB anfechten und zusätzlich von A im Falle des Vorliegens eines Schadens Schadensersatz verlangen.*

**Exkurs**

Liegt eine Anfechtung des Arbeitsvertrags vor, so gelten im Arbeitsrecht spezielle Regelungen, sofern das Arbeitsverhältnis bereits in Vollzug gesetzt wurde.

Nach der **Lehre vom fehlerhaften Arbeitsverhältnis** kann entgegen § 142 BGB das Vertragsverhältnis so behandelt werden, als wenn es wirksam zustande gekommen wäre. Die Parteien können sich dann in der Regel erst für die Zukunft von dem fehlerhaften Vertrag lösen.

Das Arbeitsverhältnis wird also nicht, wie sonst bei der Anfechtung nach § 142 BGB üblich, rückwirkend (*ex-tunc*), sondern mit Wirkung für die Zukunft (*ex-nunc*) aufgelöst.

## Abschluss des Arbeitsverhältnisses

Nach erfolgter **Einigung** der Parteien im Bewerbungsverfahren kommt es zum Abschluss eines **Arbeitsvertrags nach § 611a BGB.** Als Folge kommt das Arbeitsrecht zur Anwendung und die verschiedenen arbeitsrechtlichen Vorschriften sind von den Arbeitsvertragsparteien zu beachten und einzuhalten.

### *Form des Arbeitsvertrags*

Als spezielle Form des Dienstvertrags kommt der Arbeitsvertrag nach den allgemeinen Regeln des Privatrechts zustande. Liegen zwei übereinstimmende Willenserklärungen der Vertragsparteien vor und einigen sich die Parteien über die wesentlichen Vertragsbestandteile (sog. *essentialia negotii*), so kommt der Vertrag – ohne dass es der Einhaltung einer Form bedarf – wirksam zustande.

*Beispiel*

*A und U kommen auf einer Jobmesse ins Gespräch und werden sich darüber einig, dass A zum 1.4. als Mitarbei-*

*terin im Bereich Marketing beginnen soll. Sie erörtern die wesentlichen Vertragsbestandteile – wie z. B. die Vergütung, Arbeitsort, Arbeitszeiten – und besiegeln per Handschlag den Vertragsschluss.*

*Der Arbeitsvertrag ist zwischen A und U wirksam zustande gekommen, da es keiner Einhaltung einer bestimmten Form bedarf.*

Aufgrund der **Formfreiheit** des Arbeitsvertrags kann dieser grundsätzlich auch konkludent oder mündlich abgeschlossen werden. Dies ist in der Praxis allerdings problematisch, da die schriftliche Fixierung dazu dienen kann, späteren evtl. Missverständnissen vorzubeugen.

Von dieser gesetzlichen Formfreiheit können die Parteien auch abweichen, indem sie das Schriftformerfordernis freiwillig vereinbaren. Solche Schriftformklauseln werden in Arbeitsverträgen in der Praxis häufig vereinbart.

**Exkurs**

Bei der vertraglichen Vereinbarung einer Schriftformklausel im Rahmen eines Arbeitsvertrags ist zu beachten, dass es nach ständiger Rechtsprechung einer sog. **„doppelten Schriftformklausel"** bedarf. Aus dieser Klausel muss hervorgehen, dass auch die Aufhebung der Schriftformklausel an sich der Schriftform bedarf.

Hierdurch wird sichergestellt, dass die Schriftformklausel nicht konkludent oder mündlich durch die Parteien aufgehoben werden kann und als Konsequenz daraus dann der Vertrag doch formfrei abänderbar wäre.

Trotz der grundsätzlichen Formfreiheit des Arbeitsvertrags finden sich im Nachweisgesetz (NachwG) und im Berufsbildungsgesetz (BBiG) zusätzliche spezialgesetzliche arbeitsrechtliche Vorschriften, um dem Arbeitnehmer die Beweisführung zu erleichtern.

Der Arbeitgeber hat nach § 2 NachwG spätestens einen Monat nach dem vereinbarten Beginn des Arbeitsverhältnisses die in diesem Gesetz näher definierten Mindestangaben schriftlich niederzulegen, diese Niederschrift zu unterzeichnen und dem Arbeitnehmer auszuhändigen.

Eine Regelung zur Vertragsniederschrift des Berufsausbildungsvertrags befindet sich in § 11 BBiG.

Besonderheiten gelten hinsichtlich befristeter Arbeitsverträge. Grundsätzlich ist die **Befristung** eines Arbeitsvertrags nur unter den engen Voraussetzungen des Teilzeit- und Befristungsgesetzes möglich. Nach § 14 Abs. 4 TzBfG bedarf eine solche Befristungsabrede zu ihrer Wirksamkeit der **Schriftform.**

- Der Abschluss des Arbeitsvertrags ist formfrei möglich.
- Die Vertragsparteien können freiwillig die Schriftform vereinbaren.
- Es gelten spezialgesetzliche Verpflichtungen des Arbeitgebers zu dessen Nachweispflichten gemäß NachwG und BBiG.

- Befristungsabreden bedürfen nach § 14 Abs. 4 TzBfG zu ihrer Wirksamkeit der Schriftform.

Obgleich Arbeitsverträge grundsätzlich formlos zustande kommen, sind die besonderen arbeitsrechtlichen Vorschriften in der Fallbearbeitung zu berücksichtigen. Besondere Formvorschriften gelten außerdem für die Beendigung eines Arbeitsverhältnisses.

**Exkurs**

Auch wenn es in diesem Abschnitt um den formfreien Abschluss des Arbeitsvertrags geht, soll schon an dieser Stelle explizit darauf hingewiesen werden, dass es für die **Beendigung des Arbeitsverhältnisses** durch **Kündigung** oder **Auflösungsvertrag** nach **§ 623 BGB** der Einhaltung der **Schriftform** bedarf.

### *Anwendbare allgemeine Vorschriften des BGB*

Grundsätzlich finden die allgemeinen Vorschriften des Bürgerlichen Gesetzbuchs auf das Arbeitsverhältnis Anwendung. Diese allgemeinen Vorschriften werden jedoch durch die arbeitsrechtlichen Vorschriften teilweise modifiziert.

Im Arbeitsrecht findet der allgemeine Teil des BGB Anwendung. Es gelten daher z. B. die Vorschriften zur Geschäftsfähigkeit (§§ 104 ff. BGB), zum Vertrag (§§ 145 ff. BGB), zur Stellvertretung (§§ 164 ff. BGB) etc.

Ferner finden die allgemeinen schuldrechtlichen Vorschriften des BGB im Arbeitsrecht Anwendung.

Erfüllt ein Arbeitsvertrag die Voraussetzungen der §§ 305 ff. BGB, so findet das AGB-Recht auf den Arbeitsvertrag nach § 310 Abs. 4 S. 2 BGB Anwendung.

Das Vorliegen und die Anwendbarkeit spezialgesetzlicher Vorschriften sind zusätzlich bei jeder Fallkonstellation zu prüfen. Sind diese einschlägig, so sind diese vorrangig gegenüber den allgemeinen Vorschriften anzuwenden.

## *Spezielle Arbeitsverhältnisse*

Das klassische Arbeitsverhältnis wird in der Regel für unbestimmte Zeit von den Vertragsparteien eingegangen.

Vereinzelt vereinbaren die Vertragsparteien spezielle Regelungen für das Arbeitsverhältnis, deren rechtliche Zulässigkeit im Einzelfall gemäß den speziellen arbeitsrechtlichen Vorschriften zu überprüfen ist.

***Beispiel***

- *Vereinbarung einer Probezeit*
- *Vereinbarung einer Befristung unter Beachtung der Vorschriften des Teilzeit- und Befristungsgesetzes*
- *Vereinbarung einer Teilzeittätigkeit unter Beachtung der Vorschriften des Teilzeit- und Befristungsgesetzes. Nach § 8 TzBfG kann auch während eines bestehenden Arbeitsverhältnisses ein Anspruch auf Verringerung der Arbeitszeit gegenüber dem Arbeitgeber geltend gemacht werden.*

## Vereinbarung einer anfänglichen Probezeit

Häufig vereinbaren die Vertragsparteien im Arbeitsvertrag eine Probezeit. Eine solche Vereinbarung ist möglich und wird durch gesetzliche Regelungen vom Gesetzgeber als mögliche Vereinbarung besonders berücksichtigt.

Nach § 622 Abs. 3 BGB kann das Arbeitsverhältnis während einer vereinbarten Probezeit, längstens für die Dauer von sechs Monaten, mit einer verkürzten Frist von zwei Wochen jederzeit gekündigt werden.

**Exkurs**

Selbst wenn der Geltungsbereich des Kündigungsschutzgesetzes aufgrund der Betriebsgröße nach § 23 KSchG eröffnet wäre, finden nach § 1 KSchG während der ersten sechs Monate des Bestands eines Arbeitsverhältnisses die besonderen Regelungen dieses Gesetzes keine Anwendung.

Diese Regelung steht im Einklang mit der Regelung zur zweiwöchigen Kündigungsfrist nach § 622 Abs. 3 BGB. In dieser Zeit der Erprobung ist eine Kündigung durch den Arbeitgeber jederzeit möglich.

Handelt es sich bei dem Arbeitsverhältnis um ein Ausbildungsverhältnis, beginnt dieses nach § 20 BBiG grundsätzlich mit einer mindestens einmonatigen und maximal viermonatigen Probezeit.

Von dieser vereinbarten anfänglichen Probezeit während eines unbefristeten Arbeitsvertrags ist die Befristung zur Erprobung nach § 14 Abs. 1 S. 2 Nr. 5 TzBfG zu unterscheiden. Hierbei handelt es sich um ein befristetes Arbeitsverhältnis.

*Beispiel*

*A und U vereinbaren im Arbeitsvertrag eine sechsmonatige Probezeit, die bis zum 30.6. laufen soll. Hinsichtlich der Kündigungsfristen verweist der Vertrag auf die gesetzlichen Vorschriften. U ist mit der Leistung der A nicht zufrieden und kündigt das Arbeitsverhältnis am 15.4. zum 30.4. schriftlich gegenüber A.*

*Die Kündigung ist nach § 622 Abs. 3 BGB fristgerecht und nach § 623 BGB formgerecht erfolgt.*

## Befristete Arbeitsverhältnisse

Aufgrund des arbeitsrechtlichen Schutzgedankens zugunsten des Arbeitnehmers dürfen Arbeitsverhältnisse nur **ausnahmsweise** für eine befristete Laufzeit abgeschlossen werden.

Das Teilzeit- und Befristungsgesetz (TzBfG) unterscheidet bei den Befristungen zwischen **Sachgrundbefristungen** und den **sachgrundlosen Befristungen.**

Die Sachgrundbefristung ist in § 14 Abs. 1 TzBfG geregelt. Hierin werden **beispielhaft** und damit **nicht abschließend** Gründe genannt, die *insbesondere* eine Befristung mit Sachgrund rechtfertigen können. Gründe, die mit denen im Gesetz genannten Gründen vergleichbar sind, können daher ebenfalls als zulässige Befristungsgründe in Betracht kommen. Hierbei ist im Einzelfall auf die Kommentierung und die Judikatur zurückzugreifen.

In § 14 Abs. 1 TzBfG werden beispielhaft zulässige Gründe für eine Befristung eines Arbeitsverhältnisses aufgezählt.

Liegen keine Gründe für eine Befristung vor, so kann eine **sachgrundlose Befristung** nach § 14 Abs. 2 TzBfG bis zur Dauer von zwei Jahren in Betracht kommen. Innerhalb der maximalen Befristungsdauer von **insgesamt zwei Jahren** darf die Befristung **höchstens dreimal verlängert** werden.

Damit von dieser Befristungsform in der Praxis nur **ausnahmsweise** Gebrauch gemacht werden kann, ist diese Befristungsform nicht zulässig, wenn mit demselben Arbeitgeber bereits **zuvor ein befristetes oder unbefristetes Arbeitsverhältnis** bestand. Nachdem nach Einführung des Teilzeit- und Befristungsgesetzes zunächst jedwede Beschäftigung in der Vergangenheit eine erneute Befristung ausschloss, kann in Anlehnung an die Rechtsprechung des Bundesverfassungsgerichts und des Bundesarbeitsgerichts ganz ausnahmsweise unter sehr engen Voraussetzungen eine Vorbeschäftigung außer Acht bleiben.

Die sachgrundlose Befristung nach § 14 Abs. 2 TzBfG ist nur bis zur Dauer von zwei Jahren zulässig.

Für beide Befristungsformen gilt nach § 14 Abs. 4 TzBfG, dass die Befristungsabrede **schriftlich** von den Parteien zu vereinbaren ist. Ist die Befristung wirksam, so endet der befristete Arbeitsvertrag nach § 15 Abs. 1 TzBfG automatisch ohne eine Kündigung.

Da das Arbeitsverhältnis nach § 15 TzBfG automatisch endet und es keiner zusätzlichen Kündigung bedarf, ist für diese Art der Beendigung § 623 BGB nicht einschlägig. Denn diese Vorschrift bezieht sich nur auf die Schriftform der Kündigung und des Auflösungsvertrags.

Während des Befristungszeitraums ist eine Kündigung nur ausnahmsweise nach § 15 Abs. 3 TzBfG zulässig.

Liegen die Voraussetzungen für eine wirksame Befristung nach § 14 Abs. 1 bis 4 TzBfG nicht vor, so ist die Befristungsabrede gemäß § 16 TzBfG unwirksam und das Arbeitsverhältnis gilt als auf unbestimmte Zeit geschlossen. Die dann bestehende Möglichkeit der Kündigung des Arbeitsverhältnisses durch den Arbeitgeber ist in § 16 TzBfG detailliert geregelt. Nach § 17 TzBfG hat der Arbeitnehmer jedoch rechtzeitig Klage auf Feststellung zu erheben, dass das Arbeitsverhältnis nicht beendet ist.

***Beispiel***

*U möchte gerne flexibel bleiben. Aus diesem Grund vereinbart er mit A mündlich einen befristeten Arbeitsvertrag für eine Laufzeit von drei Jahren. U kennt A gut, da er mit ihr schon vor zweieinhalb Jahren einen auf ein halbes Jahr befristeten Vertrag abgeschlossen hatte. Ist der befristete Arbeitsvertrag rechtlich zulässig?*

*Die Vereinbarung verstößt gleich gegen mehrere gesetzliche Regelungen.*

*Aufgrund der fehlenden Einhaltung des Schriftformerfordernisses nach § 14 Abs. 4 TzBfG ist die Befristungsabrede bereits unwirksam.*

*Zusätzlich enthält die mündlich Befristungsabrede eine unzulässige Überschreitung der zweijährigen maximalen Laufzeit nach § 14 Abs. 2 S. 1 TzBfG und die Befris-*

*tung ist aufgrund der vorherigen Beschäftigung gemäß § 14 Abs. 2 S. 2 TzBfG nicht zulässig.*

## Teilzeitarbeitsverhältnisse

Es steht den Arbeitsvertragsparteien frei, den Umfang der Arbeitszeit frei zu gestalten. Teilzeitbeschäftigt ist ein Arbeitnehmer nach § 2 TzBfG, wenn dessen regelmäßige Wochenarbeitszeit kürzer ist als die eines vergleichbaren vollzeitbeschäftigten Arbeitnehmers. Nach § 4 TzBfG besteht explizit ein Diskriminierungsverbot gegenüber teilzeitbeschäftigten Arbeitnehmern.

Unter den in § 8 TzBfG genannten Voraussetzungen haben Arbeitnehmer einen **Anspruch auf Teilzeit.** Sie haben hierdurch gegenüber dem Arbeitgeber einen einseitigen Anspruch auf Verringerung der Arbeitszeit während eines bestehenden Arbeitsverhältnisses.

Der Teilzeitanspruch besteht allerdings u. a. nur dann, wenn das Arbeitsverhältnis **mehr als sechs Monate** bestanden hat, der Arbeitgeber **mehr als 15 Arbeitnehmer** beschäftigt und **betriebliche Gründe nicht entgegenstehen.**

Der Anspruch auf Teilzeit nach § 8 TzBfG findet in der Praxis einen großen Zuspruch. Statistisch machen überwiegend Frauen von der Möglichkeit Gebrauch, den Teilzeitanspruch gegenüber dem Arbeitgeber geltend zu machen. In vielen Unternehmen existieren eine Vielzahl verschiedener Teilzeitmodelle.

Zusätzlich ist in § 9 TzBfG ein Anspruch auf Verlängerung der Arbeitszeit und in § 9a TzBfG ein Anspruch auf zeitlich begrenzte Verringerung der Arbeitszeit – die sog. **„Brückenteilzeit"** – geregelt.

Da ein Anspruch auf Rückkehr in Vollzeit in § 8 TzBfG nicht enthalten ist, sollte durch Einführung der in § 9a TzBfG geregelten sog. Brückenteilzeit die Möglichkeit eröffnet werden, auch nur vorübergehend einen Anspruch auf Teilzeitarbeit geltend machen zu können. Eine Intention des Gesetzgebers für die Einführung dieser Vorschrift war es, dadurch den Weg aus der sog. „Teilzeitfalle" zu ermöglichen. Arbeitnehmer können bei Vorliegen der Voraussetzungen des § 9a TzBfG nur vorübergehend – etwa aufgrund besonderer Lebenssituationen – in der Gewissheit in Teilzeit tätig sein, dass danach wieder eine Rückkehr in Vollzeit erfolgt.

| *Checkliste: Anspruch auf Teilzeit nach § 8 TzBfG:* | |
|---|---|
| Arbeitnehmer | ✓ |
| Arbeitsverhältnis besteht länger als 6 Monate | |
| Arbeitgeber beschäftigt mehr als 15 Arbeitnehmer | |
| Geltendmachung der Verringerung der Arbeitszeit spätestens 3 Monate vor deren Beginn in Textform/ Angabe der gewünschten Verteilung | |
| Arbeitgeber – Erörterung der gewünschten Verringerung mit dem Arbeitnehmer mit dem Ziel, zu einer Vereinbarung zu gelangen | |
| Arbeitgeber – Zustimmung/Festlegung entsprechend den Wünschen des Arbeitnehmers, soweit betriebliche Gründe nicht entgegenstehen | |
| Arbeitgeber – Entscheidung über Verringerung/ Verteilung spätestens einen Monat vor gewünschten Beginn der Verringerung | |

Ähnliche Teilzeitansprüche finden sich im Bundeselterngeld- und Elternzeitgesetz (§ 15 BEEG) und im Pflegezeitgesetz (§ 3 PflegeZG), sofern die Arbeitnehmer unter den besonderen Anwendungsbereich der jeweiligen Gesetze fallen.

## Fehlerhaftes Arbeitsverhältnis

Bereits im Zusammenhang mit dem Fragerecht des Arbeitgebers im Bewerbungsverfahren wurde im dortigen *Exkurs* kurz auf die Rechtsfolgen der Anfechtung des Arbeitsvertrags hingewiesen.

Liegt eine Anfechtung des Arbeitsvertrags oder liegen sonstige Nichtigkeitsgründe vor, so gelten im Arbeitsrecht spezielle Regelungen, sofern das Arbeitsverhältnis bereits **in Vollzug gesetzt** wurde. So ist im Fall einer Anfechtung eigentlich nach den Vorschriften des allgemeinen Teils des Bürgerlichen Gesetzbuchs ein Rechtsgeschäft nach § 142 Abs. 1 BGB als von Anfang an nichtig anzusehen, wenn dieses angefochten wird (sog. *ex-tunc-Wirkung*).

Im Arbeitsrecht findet jedoch die **Lehre vom fehlerhaften** (oder **faktischen**) **Arbeitsverhältnis** Anwendung. Dieses liegt vor, wenn der Arbeitnehmer seine Arbeitsleistung ohne wirksame Vertragsgrundlage erbracht hat und das Arbeitsverhältnis bereits in Vollzug gesetzt wurde.

Rechtsfolge dieser Lehre ist, dass das Arbeitsverhältnis für die Vergangenheit dann so behandelt wird, als wenn es fehlerfrei zustande gekommen wäre. So können sich im Falle der Anfechtung die Vertragsparteien entgegen des Wortlauts des § 142 BGB erst mit Wirkung für die Zukunft von dem fehlerhaften Vertrag lösen. Die Anfechtung wirkt also in diesem Fall nicht *ex-tunc* sondern **ex-nunc.** Ein Bestandsschutz für die Zukunft erwächst aus dem fehlerhaften Arbeitsverhältnis jedoch nicht.

**Eingeschränkt** wird diese Lehre vom fehlerhaften Arbeitsverhältnis wiederum ausnahmsweise, wenn **besonders schwerwiegende Verstöße** vorliegen, die gegen die guten Sitten oder Strafgesetze verstoßen. Dann gelten auch für das Arbeitsverhältnis die allgemeinen zivilrechtlichen Regelungen, sodass das Arbeitsverhältnis in einem solchen Fall rückwirkend beseitig wird und die bereicherungsrechtlichen Vorschriften der §§ 812 ff. BGB Anwendung finden. Denn in einer solchen Fallkonstellation bedarf es keines besonderen Schutzes durch besondere Regelungen.

> ***Beispiel***
>
> *Das Bundesarbeitsgericht entschied 2004 im Falle einer von Anfang an fehlenden Approbation des Arbeitnehmers, dass kein „faktisches Arbeitsverhältnis", sondern nur die rückwirkende Nichtigkeit in Betracht komme.*
>
> *Durch die strafbare Praktizierung des Arbeitsvertrags könne keine „Heilung" für die Vergangenheit eintreten; denn die Arbeitsleistung sei schon nach ihrer Art rechts- und gesetzeswidrig und eine Schutzwürdigkeit unter Vertrauensgesichtspunkten bestehe nicht. Der mit dem Arbeitsvertrag bezweckte Leistungserfolg, nämlich die Ausübung des ärztlichen Berufs, sei von der Rechtsordnung missbilligt und unter Strafandrohung verboten.*
>
> *Das Bundesarbeitsgerichts verneinte das Vorliegen eines faktischen Arbeitsverhältnisses, sodass die Rückabwicklung der erbrachten Leistungen nach Bereicherungsrecht zu erfolgen hatte.*

# Inhalt des Arbeitsverhältnisses

Im besonderen Teil des Schuldrechts ist der Arbeitsvertrag in § 611a BGB gesetzlich geregelt ist. Hierbei handelt es sich um ein gegenseitiges Dauerschuldverhältnis.

Aufgrund der Gegenseitigkeit der Ansprüche, die zueinander im **Abhängigkeitsverhältnis** stehen, ist das Arbeitsverhältnis als **synallagmatisches Schuldverhältnis** zu qualifizieren. Deswegen sind **beide Parteien** gegenüber der jeweils anderen Vertragspartei sowohl **Gläubiger** als auch **Schuldner** der gegenseitigen Ansprüche.

Resultierend aus dem Arbeitsverhältnis obliegen beiden Vertragsparteien Hauptleistungspflichten aus § 611a BGB sowie Nebenleistungspflichten aus § 241 Abs. 2 BGB.

## Pflichten des Arbeitnehmers

Aufgrund des existenzsichernden Charakters eines Arbeitsverhältnisses schließt der Arbeitnehmer den Arbeitsvertrag in der Regel ab, um gegenüber dem Arbeitgeber für die Erbringung seiner Hauptleistungspflicht die entsprechende Vergütung zu erhalten.

Da mit jedem Schuldverhältnis nach § 241 Abs. 2 BGB auch Nebenleistungspflichten verbunden sind, sind diese somit auch vom Arbeitnehmer zu erfüllen.

### *Hauptleistungspflichten des Arbeitnehmers*

Nach den allgemeinen zivilrechtlichen Grundsätzen muss der Schuldner die vereinbarte Leistung gegenüber dem Gläubiger am richtigen Ort, zur richtigen Zeit und in der richtigen Art und Weise erbringen.

Die Hauptleistungspflicht des Arbeitnehmers besteht in der Pflicht zur Erbringung der Arbeitsleistung. Aufgrund des Arbeitsvertrags nach § 611a Abs. 1 BGB ist der Arbeitnehmer zur Leistung **weisungsgebundener, fremdbestimmter Arbeit in persönlicher Abhängigkeit** verpflichtet.

Als Schuldner der Arbeitsleistung muss der Arbeitnehmer die vereinbarte Leistung am vereinbarten Arbeitsort, zur vereinbarten Zeit und in der vereinbarten Art und Weise erbringen.

Sofern die Arbeitsbedingungen nicht näher durch den Arbeitsvertrag, Bestimmungen einer Betriebsvereinbarung, Bestimmungen eines anwendbaren Tarifvertrags oder gesetzliche Regelungen festgelegt sind, kann der Arbeitgeber **Inhalt, Ort und Zeit der Arbeitsleistung** nach **billigem Ermessen** aufgrund seines ihm aus § 106 GewO zustehenden **Weisungsrechts** näher bestimmen.

Bei § 106 GewO handelt es sich um eine arbeitsrechtliche Spezialvorschrift, die der allgemeineren Vorschrift des § 315 Abs. 1 BGB vorgeht. Ergänzend Anwendung findet § 315 Abs. 3 BGB, wonach die getroffene Entscheidung für den anderen Teil nur verbindlich ist, wenn diese der **Billigkeit** entspricht. Entspricht die Weisung des Arbeitgebers nicht billigem Ermessen, so muss der Arbeitnehmer diese **nicht befolgen.**

*Beispiel*
*A und U haben im Vertrag als Arbeitsort München vereinbart.*

*Eine Versetzung nach Berlin kann der Arbeitgeber U nicht auf sein Weisungsrecht aus § 106 GewO stützen. Eine solche Weisung wäre nach § 315 Abs. 3 BGB unzulässig. A müsste diese Weisung nicht befolgen.*

Der Arbeitnehmer ist verpflichtet, die Regelungen zur Arbeitszeit einzuhalten. Diese ergeben sich aus den arbeitsvertraglichen Vereinbarungen, Tarifverträgen oder Betriebsvereinbarungen und insbesondere aus dem Arbeitszeitgesetz (ArbZG).

**Exkurs**

Im Arbeitszeitgesetz finden sich zahlreiche Vorschriften zur rechtlich zulässigen Arbeitszeitgestaltung, die dem Schutz des Arbeitnehmers dienen.

Arbeitszeitrechtlich ist zwischen der zu vergütenden Arbeitszeit und der Arbeitszeit aus arbeitsschutzrechtlicher Perspektive zu unterscheiden.

Das Arbeitszeitgesetz enthält keine Regelungen zur Frage der Vergütungspflicht der Arbeitszeit. Vergütungsrechtliche Aspekte sind beispielsweise im BGB, in Tarifverträgen und Arbeitsverträgen enthalten.

Es liegt in der Natur eines Arbeitsverhältnisses, dass nach § 613 BGB im Zweifel der zur Dienstleistung Verpflichtete die **Dienste in Person** zu leisten hat und der Anspruch auf Erbringung der Dienste im Zweifel **nicht übertragbar** ist.

Diese – zwar dispositive – Unübertragbarkeit korrespondiert mit den häufig sehr aufwendig durchzuführenden Personalauswahlverfahren, in denen beide Parteien jeweils für sich überprüfen können, ob sie ein gegenseitiges Vertragsverhältnis – mit den damit einhergehenden weitreichenden Konsequenzen – miteinander eingehen möchten.

Konkretisiert wird die Hauptleistungsplicht des Arbeitnehmers durch die Vielzahl arbeitsrechtlich relevanter Bestimmungen, wie z. B.:

- gesetzliche Vorschriften
- Tarifverträge und Betriebsvereinbarungen
- Arbeitsvertrag (Betriebliche Übung/Gesamtzusage)
- Weisungsrecht des Arbeitgebers
- arbeitsrechtlicher Gleichbehandlungsgrundsatz

### *Nebenleistungspflichten des Arbeitnehmers*

Seitens des Arbeitnehmers besteht eine Pflicht zur **Rücksichtnahme** sowie eine **Treuepflicht,** die als Nebenpflichten aus § 241 Abs. 2 BGB und Treu und Glauben gemäß § 242 BGB resultieren.

Der Arbeitnehmer ist zur Rücksichtnahme auf die Rechte, Rechtsgüter und Interessen des Arbeitgebers verpflichtet.

Aus der Nebenleistungspflicht resultieren seitens des Arbeitnehmers **Verschwiegenheits- und Geheimhaltungspflichten** gegenüber Dritten.

Zusätzlich können auch **Handlungspflichten** entstehen, wie beispielsweise Auskunfts- und Anzeigepflichten, sofern die jeweiligen Umstände unmittelbare Auswirkungen auf das Arbeitsverhältnis haben. Hierbei sind die Grenzen des allgemeinen Persönlichkeitsrechts zu beachten.

*Beispiel*
*Droht dem Berufskraftfahrer aufgrund zahlreicher erheblicher Geschwindigkeitsüberschreitungen der Entzug seiner Fahrerlaubnis, so hat er gegenüber seinem Arbeitgeber diesbezüglich eine Offenbarungspflicht. Denn während des Entzugs der Fahrerlaubnis wäre dem Arbeitnehmer die Erbringung seiner Hauptleistungspflicht unmöglich.*

*Abwandlung*
*Ist der Arbeitnehmer hingegen in der Buchhaltung beschäftigt und wird die Erbringung seiner Hauptleistungspflicht durch einen Entzug der Fahrerlaubnis mangels Zusammenhangs mit der zu erbringenden Tätigkeit nicht tangiert, so besteht keine Offenbarungspflicht gegenüber dem Arbeitgeber. Der Schutz des allgemeinen Persönlichkeitsrechts des Arbeitnehmers überwiegt in diesem Fall.*

Ausnahmsweise kann der Arbeitnehmer als Nebenpflicht sogar zur Befolgung von Weisungen verpflichtet sein, selbst wenn diese eigentlich nicht vom arbeitgeberseitigen Weisungsrecht gedeckt sind. So kann sich etwa aus der **Schadensabwendungspflicht** des Arbeitnehmers eine Pflicht zur Leistung von Überstunden oder eine Pflicht zur Erfüllung einer anderen Aufgabe ergeben, wenn die Gefahr des Eintritts eines nicht unerheblichen Schadens bestünde und die **Grenzen der Zumutbarkeit** eingehalten werden.

*Beispiel*

*Aus der Schadensabwendungspflicht kann der Arbeitgeber im Notfall den ausschließlich im Büro tätigen Arbeitnehmer anweisen, ein wichtiges Ersatzteil abzuholen, wenn eine Maschine ohne sofortigen Einbau des Ersatzteils aufgrund drohender irreparabler Schäden dauerhaft nicht mehr eingesetzt werden könnte.*

*Abwandlung*

*Selbst wenn durch eine dicke Schneedecke der Einsturz einer Lagerhalle drohte, würde die Anweisung des Arbeitgebers gegenüber dem ungeübten nicht schwindelfreien Arbeitnehmer, das Dach zwecks Räumung vom Schnee zu besteigen, mit den Grenzen der Zumutbarkeit nicht vereinbar sein.*

## Pflichten des Arbeitgebers

Ebenso wie den Arbeitnehmer treffen auch den Arbeitgeber Haupt- und Nebenleistungspflichten aus dem Arbeitsverhältnis.

Haben die Arbeitsvertragsparteien sich geeinigt, so hat der Arbeitnehmer resultierend aus seinem Persönlichkeitsschutz gegenüber dem Arbeitgeber einen Anspruch auf **tatsächliche Beschäftigung.**

Auch wenn es an einer ausdrücklichen Regelung in § 611a BGB fehlt, ist es höchstrichterlich anerkannt, dass der Arbeitnehmer gegenüber dem Arbeitgeber einen Beschäftigungsanspruch hat. So entschied das Bundearbeitsgericht, dass dem Arbeitnehmer nicht nur ein Lohnanspruch zustehe, sondern dass der Arbeitgeber diesen auch tatsächlich beschäftigen müsse. Dieser Beschäftigungsanspruch resultiert aus dem Arbeitsvertrag i. V. m. dem allgemeinen Persönlichkeitsrecht aus Art. 1 und 2 Abs. 1 GG.

## *Hauptleistungspflichten des Arbeitgebers*

Der Leistungspflicht des Arbeitnehmers steht die Vergütungspflicht des Arbeitgebers aus § 611a Abs. 2 BGB als Hauptleistungspflicht gegenüber. Diese Verpflichtung ergibt sich insbesondere aus dem BGB, aus dem Arbeitsvertrag sowie ergänzenden Vereinbarungen, betrieblicher Übung, Gesamtzusagen sowie kollektivrechtlichen Regelungen.

Haben die Parteien explizit keine Vergütung vereinbart, so gilt diese nach § 612 Abs. 1 BGB als stillschweigend vereinbart und diese ist nach § 614 BGB im Zweifel nach Erfüllung der Leistungspflicht fällig. Da der Arbeitgeber öffentlich-rechtlich verpflichtet ist, Lohnsteuer an die Finanzämter und Sozialversicherungsbeiträge direkt abzuführen, erfolgt seitens des Arbeitgebers eine Auszahlung des Nettolohns an den Arbeitnehmer.

Nach den Vorschriften des Mindestlohngesetzes hat jeder Arbeitnehmer nach § 1 Abs. 1 MiLoG Anspruch auf Zahlung des **Mindestlohns,** der seit dessen Einführung 2015 regelmäßig mittels Mindestlohnanpassungsverordnung angepasst wird. Entscheidend ist hierbei nach § 20 MiLoG die Beschäftigung des Arbeitnehmers im Inland.

Zusätzlich ist der Arbeitgeber zum Ersatz von Aufwendungen nach § 670 BGB verpflichtet, wenn der Arbeitnehmer diese freiwilligen Vermögensopfer im Zusammenhang mit seinen Dienstpflichten im Interesse des Arbeitgebers tätigt.

## *Nebenleistungspflicht des Arbeitgebers*

Den Arbeitgeber trifft gemäß § 241 Abs. 2 BGB und aus Treu und Glauben nach § 242 BGB eine Rücksichtnahme- und Fürsorgepflicht gegenüber dem Arbeitnehmer.

In den §§ 617 ff. BGB sind die Pflichten weiter konkretisiert. Der Arbeitgeber hat den Arbeitsplatz und die zur Verfügung gestellten Arbeitsmittel so zu gestalten, dass keine Gefahr für Leben und die Gesundheit des Arbeitnehmers ausgeht.

Zusätzlich resultieren die gesetzlichen Nebenpflichten des Arbeitgebers aus der Vielzahl arbeitsrechtlich relevanter Gesetze, die dem Schutz des Arbeitnehmers dienen.

Einige dieser in der Praxis häufig zur Anwendung kommenden Vorschriften sollen im Folgenden beispielhaft aufgelistet werden:

### *Beispiel*

- *Arbeitsschutzgesetz (ArbSchG)*
- *Arbeitszeitgesetz (ArbZG)*
- *Allgemeines Gleichbehandlungsgesetz (AGG)*
- *Bundesurlaubsgesetz (BUrlG)*
- *Entgeltfortzahlungsgesetz (EFZG)*
- *Mutterschutzgesetz (MuSchG)*
- *Nachweisgesetz (NachwG)*

- *Jugendarbeitsschutzgesetz (JArbSchG)*
- *Datenschutzrecht*

Zusätzlich hat der Arbeitgeber die Pflicht, das allgemeine Persönlichkeitsrecht des Arbeitnehmers zu schützen und den arbeitsrechtlichen Gleichbehandlungsgrundsatz zu beachten.

## Exkurs: Arbeitszeitrecht in der Praxis

Exemplarisch soll in diesem Exkurs am Beispiel des **Arbeitszeitrechts** dargestellt werden, dass bei Anwendung der einzelnen Gesetze grundsätzlich die **Zielsetzung des Gesetzgebers** zu beachten ist.

Hiernach richtet sich, welcher Anwendungsbereich von dem jeweiligen Gesetz erfasst sein soll. Dazu sind die Vorschriften des Gesetzes entsprechend **auszulegen.**

Zusätzlich ist zu beachten, dass die Zielsetzung des Gesetzgebers den **aktuellen Veränderungen** des Arbeitsrechts unterliegt und das **Europarecht** erheblichen Einfluss auf das Arbeitsrecht hat.

So ist im **Arbeitszeitrecht** neben der Frage, wie die erbrachte Arbeitszeit aufgrund arbeitsvertraglicher Vereinbarungen oder kollektivrechtlicher Regelungen zu vergüten ist, die Intention des Gesetzgebers – der Schutz der Arbeitnehmer – von erheblicher Bedeutung.

Im **Arbeitszeitgesetz** sind vergütungsrelevante Fragen im Hinblick auf die erbrachte Arbeitszeit **nicht** Gegenstand des Gesetzes, sodass diese Vorschriften für Fragen im Zusammenhang mit der zu vergütenden Arbeitszeit irrelevant sind.

Stattdessen dienen die darin enthaltenen Regelungen dem **Schutz des Arbeitnehmers.**

Das Arbeitszeitgesetz ist maßgeblich europarechtlich beeinflusst. Es enthält u. a. Reglungen zur **Arbeitszeit, Ruhepausen, Ruhezeiten, Bereitschaftszeiten** sowie Straf- und Bußgeldvorschriften.

Inwieweit erbrachte Leistungen als **zu vergütende Arbeitszeit** angesehen werden, bedarf individualrechtlicher oder kollektivrechtlicher Vereinbarungen und ist unabhängig von den Regelungen des Arbeitszeitgesetzes.

So ist es möglich, dass arbeitsschutzrechtlich zwar das Vorliegen der Arbeitszeit mit denen im Arbeitszeitgesetz geregelten Folgen zwingend bejaht wird; andererseits diese Zeit jedoch aufgrund besonderer arbeitsvertraglicher oder tarifvertraglicher Vereinbarungen nicht als vergütungsrelevante Arbeitszeit eingestuft wird.

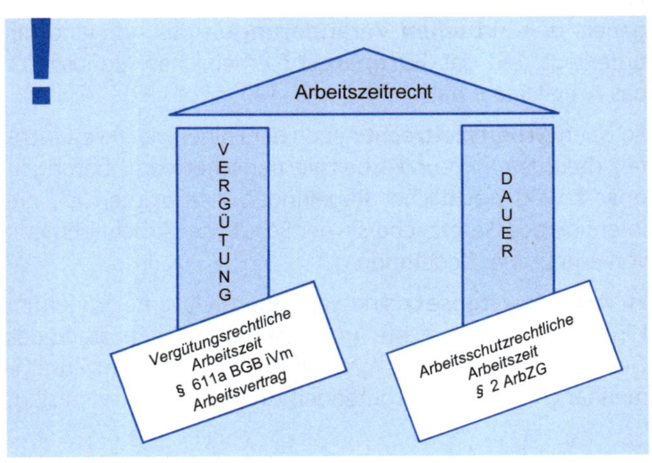

Zur Arbeitszeit existiert eine umfassende Judikatur. Gerade Wege-, Reise- und Umkleidezeiten beschäftigen regelmäßig die Gerichte. Abhängig von der konkreten Ausgestaltung der Arbeitszeit wird in der Praxis häufig das Vorliegen einer nach dem Arbeitszeitgesetz relevanten Arbeitszeit zu bejahen sein. Unabhängig davon existieren jedoch häufig zwischen den Arbeitsvertragsparteien Vereinbarungen, wonach die Vergütung dieser Arbeitszeit ausgeschlossen wird.

*Beispiel*

*Beispielsweise sah das Bundesarbeitsgericht das Anlegen besonders auffälliger Dienstkleidung grundsätzlich als vergütungspflichtige und arbeitsschutzrechtliche relevante Arbeitszeit an.*

*Während die Verlängerung der Arbeitszeit nach Arbeitszeitgesetz zwingend Konsequenzen hinsichtlich einzuhaltender Ruhezeiten hat, können hinsichtlich der Vergütung zwischen den Arbeitsvertragsparteien jedoch abweichende Regelungen bestehen.*

Wichtig ist in diesem Zusammenhang nochmals auf das Rangverhältnis der verschiedenen arbeitsrechtlich relevanten Regelungen hinzuweisen. So können vergütungsrechtliche Regelungen individualrechtlich im Arbeitsvertrag zwischen den Arbeitsvertragsparteien vereinbart werden. Sind die Parteien jedoch tarifgebunden, so kommen ebenfalls tarifvertragliche Regelungen in Betracht, die – unter Berücksichtigung des Günstigkeitsprinzips nach § 3 Abs. 2 TVG – arbeitsvertragliche Individualvereinbarungen verdrängen können, wenn diese nicht günstiger für den Arbeitnehmer sind. Bei Vereinbarung durch Betriebsvereinbarungen ist die Tarifsperre des § 77 Abs. 3 S. 1 BetrVG zu beachten.

### *Beispiel*

*So entschied das Bundearbeitsgericht im Jahr 2020 in einer Grundsatzentscheidung, dass Regelungen in einer Betriebsvereinbarung, welche die vergütungspflichtigen Fahrzeiten eines Außendienstmitarbeiters verkürzen, wegen Verstoßes gegen die Tarifsperre des § 77 Abs. 3 S. 1 BetrVG unwirksam seien, wenn die betreffenden Zeiten nach den Bestimmungen des einschlägigen Tarifvertrags uneingeschränkt der entgeltpflichtigen Arbeitszeit zuzurechnen seien. Aufgrund des Tarifvorrangs seien Arbeitsentgelte und sonstige Arbeitsbedingungen, die durch Tarifvertrag geregelt würden oder üblicherweise geregelt würden, nicht Gegenstand einer Betriebsvereinbarung sein. Diese Einschränkung finde jedoch keine Anwendung, wenn der einschlägige Tarifvertrag mit einer sog. Öffnungsklausel versehen sei, die den Abschluss ergänzender Betriebsvereinbarungen ausdrücklich zulasse.*

Aufgrund aktueller Entwicklungen kann es stets zu einer Abkehr von der bisherigen Rechtsprechung und damit einer veränderten Rechtsprechung kommen. Bei der Beurteilung arbeitsrechtlicher Sachverhalte sind daher aktuelle Entwicklungen besonders zu verfolgen und in der Fallbearbeitung zu berücksichtigen.

### Exkurs

Wie sehr das Arbeitsrecht Wandlungen unterliegt, soll anhand einer Entscheidung des Europäischen Gerichtshofs (EuGH) verdeutlicht werden.

So entschied der EuGH mit Urteil vom 14.5.2019, dass die *Mitgliedstaaten verpflichtet seien, den Arbeitgebern vorzuschreiben, ein objektives, verlässliches und zugängliches System einzurichten, mit dem die von einem jeden Arbeitnehmer geleistete tägliche Arbeitszeit gemessen werden könne. So sei es möglich, die praktische Wirksamkeit der von der Arbeitszeitrichtlinie und der Charta verliehenen Rechte zu gewährleisten.*

Die Rechtsprechung des EuGH ist von den Mitliedstaaten zu beachten und in der Praxis umzusetzen. Es bleibt nun abzuwarten, inwieweit die Rechtsprechung des EuGH zur Arbeitszeiterfassung die nationale Gesetzgebung beeinflussen wird.

Derzeit liegen zahlreiche Stellungnahmen vor, die sich mit der Frage beschäftigen, inwieweit und in welcher Art und Weise eine gesetzliche Änderung des Arbeitszeitgesetzes als notwendig erachtet wird.

## Störung des Arbeitsverhältnisses

Da es sich beim Arbeitsvertrag um ein Schuldverhältnis handelt, welches im besonderen Teil des Schuldrechts des BGB geregelt ist, ist es nur konsequent, dass auch im Falle von **Leistungsstörungen** zunächst die Regeln des allgemeinen Schuldrechts Anwendung finden.

Als gegenseitiger Vertrag im Sinne der §§ 320 ff. BGB können Leistungsstörungen in Form von **Unmöglichkeit, Verzug und Schlechtleistung** in Betracht kommen.

## Exkurs

Um das Verständnis der Leistungsstörungen im Arbeitsrecht zu erleichtern, sollen im Folgenden kurz einige allgemeine schuldrechtliche Begriffe in Erinnerung gerufen werden:

- **Unmöglichkeit (§ 275 BGB):**
  Die Erbringung der Leistung ist nicht mehr möglich.
  → **Subjektive Unmöglichkeit:**
  Nur der Schuldner kann die Leistung nicht erbringen.
  → **Objektive Unmöglichkeit:**
  Die Leistung kann von niemand erbracht werden.
- **Absolute Fixschuld:**
  Die Leistung kann nur zu einem bestimmten Zeitpunkt erbracht werden, da die Leistungserbringung danach keinen Sinn mehr ergibt.

  Obgleich der Schuldner theoretisch noch leisten könnte, liegt in diesem Fall **faktische** Unmöglichkeit vor.
- **Verzug:**
  Die Leistungserbringung erfolgt zu spät.
  → **Schuldnerverzug (§ 286 BGB):**
  Der Schuldner leistet zu spät.
  → **Gläubigerverzug (§ 293 BGB):**
  Der Gläubiger nimmt die Leistung nicht rechtzeitig an.
- **Schlechtleistung (§§ 280 ff. BGB):**
  Die Leistung wird nicht in der geschuldeten Art und Weise erbracht.

Die Leistungsstörungen können sowohl durch das Verhalten des Arbeitgebers als auch durch das Verhalten des Arbeitnehmers veranlasst sein.

Bei der Beurteilung der rechtlichen Konsequenzen ist jeweils zu prüfen, wer für die Leistungsstörung **verantwortlich** ist. Abhängig von der Beantwortung der Frage der Verantwortlichkeit beurteilt sich, welche Rechtsfolgen die konkrete Leistungsstörung zufolge hat.

In Betracht kommen beim Arbeitnehmer und Arbeitgeber **Verletzungen der Haupt- und Nebenleistungspflichten.** Insbesondere im Bereich der Verletzung der Hauptleistungspflichten sieht der Gesetzgeber im Arbeitsrecht **besondere Regelungen** vor.

Liegt eine Leistungsstörung vor, sind die auf die Besonderheiten der Arbeitsverhältnisse zugeschnittenen **Sonderregelungen** zu beachten. Diese berücksichtigen den Umstand, dass es sich beim Arbeitsverhältnis um ein **Dauerschuldverhältnis** handelt, welches der **Existenzsicherung des abhängig beschäftigten Arbeitnehmers** dient.

## Leistungsstörungen im Arbeitsverhältnis

Die dem Schutz des Arbeitnehmers dienenden arbeitsrechtlichen Sonderregelungen finden sich sowohl in Vorschriften des Bürgerlichen Gesetzbuchs als auch in den arbeitsrechtlichen Sondergesetzen.

Nach § 615 BGB wird auch bei **Annahmeunwilligkeit** des Arbeitgebers der Vergütungsanspruch aus dem Arbeitsvertrag aufrechterhalten.

Die spezialgesetzlichen Arbeitsgesetze – wie z. B. das Entgeltfortzahlungsgesetz, Bundesurlaubsgesetz sowie Gesetze zum Mutterschutz, zur Elternzeit und Pflegezeit – verdrängen als **lex specialis** die allgemeinen schuldrechtlichen Regelungen. Hierbei handelt es sich um **zwingende Vorschriften,** die nicht abdingbar sind.

> *Beispiel*
>
> *A ist bei U seit vielen Jahren als Arbeitnehmer beschäftigt. Aufgrund einer Erkrankung kann A für eine Woche nicht zur Arbeit erscheinen und deswegen seiner arbeitsvertraglichen Leistungspflicht nicht nachkommen.*
>
> *In diesem Fall finden die arbeitsrechtlichen Spezialregelungen nach den Vorschriften des Entgeltfortzahlungsgesetzes Anwendung.*
>
> *Trotz Nichtleistung hat A daher während seiner krankheitsbedingten Abwesenheit dennoch einen Anspruch auf Lohnfortzahlung aus § 3 Abs. 1 EFZG gegenüber seiner Arbeitgeberin U.*

Folgende arbeitsrechtlichen Sonderregelungen sind bei der Beurteilung von Leistungsstörungen insbesondere zu berücksichtigen:

- **Sonderregelungen in §§ 615, 616 BGB**
  - → Annahmeverzug des Arbeitgebers (§ 615 S. 1 BGB)
  - → Betriebs- und Wirtschaftsrisiko des Arbeitgebers (§ 615 S. 3 BGB)
  - → Vorübergehende Verhinderung des Arbeitnehmers aus persönlichen Gründen (§ 616 BGB)

- **Gesetzliche Spezialnormen:**
  → Entgeltfortzahlung
    - im Krankheitsfall (§ 3 EFZG)
    - an Feiertagen (§ 2 EFZG)

  → Erholungsurlaub (BUrlG)
  → Mutterschutz (MuSchG)
  → Elternzeit (BEEG)
  → Pflegezeit (PflegeZG)

Im Leistungsstörungsrecht sind zahlreiche arbeitsrechtliche Sonderregelungen zu beachten, die den Vergütungsanspruch ausnahmsweise aufrechterhalten oder als lex specialis in den Arbeitsgesetzen die allgemeinen schuldrechtlichen Vorschriften verdrängen.

## Pflichtverletzung des Arbeitnehmers

Bei einer Pflichtverletzung des Arbeitnehmers ist zwischen Verletzungen einer **Hauptleistungspflicht** und einer Verletzung der **Nebenleistungspflicht** zu unterscheiden.

Als Verletzung einer **Hauptleistungspflicht** seitens des Arbeitnehmers kommt sowohl die vollständige **Nichtleistung** als auch die **Schlechtleistung** in Betracht.

**Nebenleistungspflichtverletzungen** des Arbeitnehmers können beispielsweise in Form von **Schädigungen von Personen** oder **sonstigen Rechtsgütern** vorliegen.

Bei einer **arbeitnehmerseitigen Pflichtverletzung** kommen verschiedene **Rechtsfolgen** in Betracht. So besteht die Möglichkeit des Verlusts des Vergütungsanspruchs, die Geltendmachung von Schadensersatzansprüchen durch den Arbeitgeber bis hin zur Gefährdung des Bestands des Arbeitsverhältnisses durch Ausspruch einer Abmahnung oder sogar Kündigung des Arbeitsvertrags durch den Arbeitgeber.

Hierbei sind stets die **Umstände des Einzelfalles** und die **arbeitsrechtlichen Besonderheiten** zu berücksichtigen. Grundsätzlich gilt jedoch im Arbeitsrecht zunächst einmal die Regel **„ohne Arbeit kein Lohn".**

Dies bedeutet, dass der Arbeitnehmer in der Regel **keine** Vergütung erhält, wenn er seiner Pflicht zur Erbringung seiner Arbeitsleistung **nicht** nachkommt. Doch wie immer in der Juristerei gilt auch im Arbeitsrecht – *kein Grundsatz ohne Ausnahme*.

Im Folgenden soll daher auf den Grundsatz **„ohne Arbeit kein Lohn"** und sodann auf die Ausnahme **„Lohn ohne Arbeit"** näher eingegangen werden.

Im Anschluss daran sollen die besonderen zugunsten des Arbeitnehmers geltenden Regelungen im **Schadensersatzrecht** – der sog. *innerbetriebliche Schadensausgleich* – dargestellt werden.

## *Grundsatz: Ohne Arbeit kein Lohn*

Der arbeitsrechtliche Grundsatz **„ohne Arbeit kein Lohn"** ergibt sich mittelbar aus der Vorschrift zur Fälligkeit der Vergütung nach § 614 BGB. Hiernach *ist die Vergütung nach der Leistung der Dienste zu entrichten. Ist die Vergütung nach*

*Zeitabschnitten bemessen, so ist sie nach dem Ablauf der einzelnen Zeitabschnitte zu entrichten.*

Außerdem entspricht der Grundsatz **„ohne Arbeit kein Lohn"** der Regelung des § 326 Abs. 1 BGB, wonach der Anspruch des Schuldners auf Gegenleistung entfällt, wenn er nach § 275 Abs. 1 bis 3 BGB selber nicht zu leisten braucht.

Wird die Hauptleistung seitens des Arbeitnehmers nicht erbracht, so ist bei Beurteilung der Rechtslage zu untersuchen, ob diese Leistung überhaupt noch nachholbar ist. Dies ist wichtig, um feststellen zu können, ob die fehlende Leistungserbringung seitens des Arbeitnehmers als **Unmöglichkeit** oder als **Verzug** zu qualifizieren ist und welche Rechtsfolge daran zu knüpfen ist.

In vielen Fällen wird die Nachholbarkeit der Leistung zu verneinen sein, da der Arbeitgeber häufig ein Interesse daran hat, dass die Leistung zu einem genau spezifizierten vertraglich vereinbarten Zeitpunkt erbracht wird. Ist dieser Zeitraum verstrichen, so besteht dann faktisch nicht mehr die Möglichkeit zur nachträglichen Erbringung der Leistung. In diesem Fall liegt daher aufgrund des **absoluten Fixschuldcharakters** der Leistung kein Verzug, sondern **Unmöglichkeit** vor. Nach § 326 Abs. 1 BGB entfällt damit der Anspruch des Arbeitnehmers auf Gegenleistung, da er nach § 275 Abs. 1 bis 3 BGB infolge der Unmöglichkeit selber nicht zu leisten braucht.

Anders ist ein Sachverhalt zu beurteilen, wenn der Arbeitnehmer hinsichtlich der Zeiteinteilung relativ frei und flexibel ist – etwa durch entsprechende Gleitzeitvereinbarungen oder andere flexible Arbeitszeitmodelle. Liegt eine solche Fallkonstellation vor, befindet sich der Arbeitnehmer im Fall der Nichterbringung der versprochenen Leistung zur vereinbarten Zeit in **Verzug** mit den entsprechenden Rechtsfolgen des Verzugs nach den allgemeinen Vorschriften des Bürgerlichen Gesetzesbuchs. Denn in diesem Fall kann der Arbeitnehmer die zu erbringende Leistung aufgrund der flexiblen Arbeitszeitvereinbarungen noch zu einem späteren Zeitpunkt nachholen. Es handelt sich also in dem Fall nicht um eine absolute Fixschuld.

*Beispiel*

*A arbeitet seit Jahren montags-freitags in der Zeit von 8.00–16.30 Uhr am Fließband im Betrieb der U. Am Montag kommt A unentschuldigt nicht zur Arbeit, weil er sich lieber von seinem anstrengenden Wanderwochenende in den Bergen erholen möchte.*

*Aufgrund der festen unflexiblen Arbeitszeiten handelt es sich bei der von A zu erbringenden Arbeitsleistung um eine absolute Fixschuld. Die Erbringung der Leistung ist nach Zeitablauf – dem Verstreichen des Arbeitstages – unmöglich geworden.*

*Nach den allgemeinen Regeln des Schuldrechts wird A von seiner Leistungspflicht nach § 275 BGB frei. Im Gegenzug verliert A jedoch auch seinen Anspruch auf Vergütung der nicht erbrachten Arbeitsleistung nach § 326 Abs. 1 BGB gegenüber U.*

*In dieser konkreten Fallkonstellation ist A auch nicht besonders schutzwürdig, da die Nichtleistung von diesem selbst zu verantworten ist. Besondere arbeitsrechtliche Vorschriften zugunsten des A finden keine Anwendung.*

*Inwieweit A mit weiteren Konsequenzen für sein vertragswidriges Verhalten zu rechnen hat, hängt von den Umständen des Einzelfalles ab.*

*In Betracht könnten beispielsweise eine Abmahnung – als Vorstufe für eine Kündigung für den Fall einer Wiederholung der Pflichtverletzung – oder die Geltendmachung von Schadensersatzansprüchen nach den allgemeinen Vorschriften des allgemeinen Schuldrechts gemäß §§ 280 ff. BGB seitens der U gegenüber A kommen.*

In einigen Situationen, steht dem Arbeitnehmer jedoch ausnahmsweise **„Lohn ohne Arbeit"** zu. Zum einen, um den Arbeitnehmer besonders zu schützen und zum anderen um den Umstand zu berücksichtigen, **aus wessen Sphäre der Grund für den Ausfall der Arbeitsleistung stammt.** Auch in diesen besonderen Fällen kommen sowohl die **besonderen arbeitsrechtlichen Regelungen** als auch die **allgemeinen Regelungen des Schuldrechts** zur Anwendung.

## Sonderregelung: Lohn ohne Arbeit

Von dem Grundsatz „ohne Arbeit kein Lohn" finden sich einige gesetzliche Ausnahmen, die dazu führen, dass dem Arbeitnehmer ausnahmsweise doch ein Anspruch auf **„Lohn ohne Arbeit"** zusteht.

Diese gesetzlichen Ausnahmen ergeben sich zum einen aus den allgemeinen Regeln des Schuldrechts und zum anderen unter Berücksichtigung der besonderen Schutzbedürftigkeit des Arbeitnehmers aus Spezialgesetzen und arbeitsrechtlichen Sonderreglungen des BGB, die ausnahmsweise zu einer Aufrechterhaltung des Lohnanspruch des Arbeitnehmers führen:

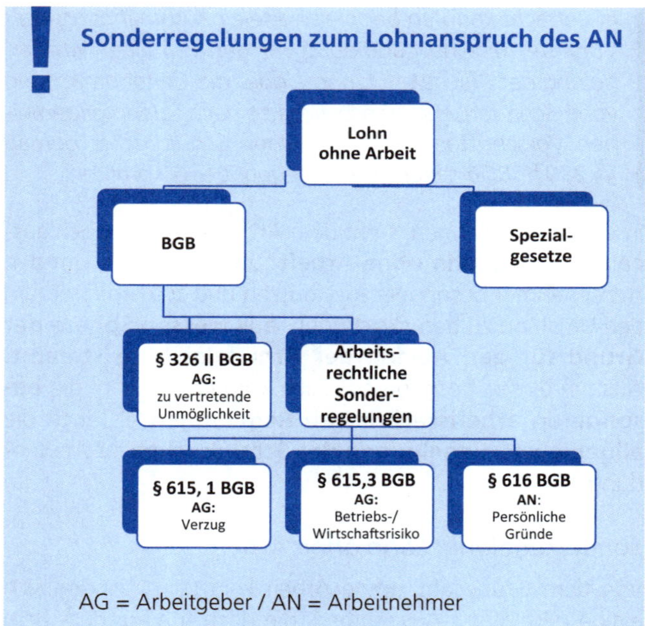


## Arbeitsrechtliche Spezialvorschriften

Wie bereits dargestellt, existieren spezialgesetzliche Regelungen in den Arbeitsgesetzen zum Schutz der Arbeitnehmer, die als **lex specialis** die allgemeinen Vorschriften des BGB verdrängen.

Liegen die Tatbestandsvoraussetzungen für deren Anwendbarkeit vollständig vor, so führt dies zu der arbeitsrechtlichen Besonderheit, dass der Arbeitnehmer entgegen dem Grundsatz „ohne Arbeit kein Lohn" ausnahmsweise **„Lohn ohne**

**Arbeit"** erhält. Diese Vorschriften gelten **zwingend** und sind **nicht abdingbar.**

**„Lohn ohne Arbeit" aufgrund zwingender gesetzlicher Spezialnormen (lex specialis)**

- Entgeltfortzahlung
  - → im Krankheitsfall (§ 3 EFZG)
  - → an Feiertagen (§ 2 EFZG)
- Erholungsurlaub (BUrlG)
- Mutterschutz (MuSchG)
- Elternzeit (BEEG)
- Pflegezeit (PflegeZG)

Bei der Fallbearbeitung ist daher zunächst zu prüfen, ob der Arbeitgeber aufgrund spezialgesetzlicher Regelungen in den Arbeitsgesetzen trotz Nichtleistung des Arbeitnehmers zur Zahlung einer Vergütung verpflichtet ist.

*Beispiel*

*Arbeitnehmer A ist seit zwei Jahren bei der Arbeitgeberin U beschäftigt und kann aufgrund eines grippalen Infekts nicht zur Arbeit erscheinen.*

*A hat gegenüber U einen Anspruch auf Entgeltfortzahlung im Krankheitsfall nach § 3 EFZG und damit einen Anspruch auf Lohn ohne Arbeit.*

*Abwandlung:*

*A ist erst seit zwei Wochen bei der Arbeitgeberin U beschäftigt und kann aufgrund eines grippalen Infekts nicht zur Arbeit erscheinen.*

*In diesem Fall hat A hat gegenüber U - entsprechend dem Grundsatz ohne Arbeit kein Lohn - keinen Anspruch auf Entgeltfortzahlung im Krankheitsfall nach § 3 EFZG, da dieser Anspruch nach § 3 Abs. 3 EFZG erst nach vierwöchiger ununterbrochener Dauer des Arbeitsverhältnisses entsteht. Diese Wartezeit ist in diesem Fall nicht erfüllt. Zu beachten ist, dass für die Erfüllung dieser Wartezeit der rechtliche Bestand des Arbeitsverhältnisses entscheidend ist und gerade nicht die tatsächliche Beschäftigung während dieses Zeitraums.*

### Vom Arbeitgeber zu vertretende Unmöglichkeit

Nach den **allgemeinen schuldrechtlichen Vorschriften** bleibt der Anspruch des Arbeitnehmers auf Lohnzahlung gegenüber dem Arbeitgeber ausnahmsweise nach § 326 Abs. 2 BGB bestehen, wenn der **Arbeitgeber die Unmöglichkeit zu vertreten** hat.

Es handelt sich hierbei um eine allgemeine – nicht nur im Arbeitsrecht geltende – Abweichung von der Regelung hinsichtlich des Schicksals der Gegenleistung für den Fall, dass der Schuldner (im Arbeitsverhältnis der Arbeitnehmer) von seiner Leistungspflicht bei Unmöglichkeit nach § 275 Abs. 1 BGB **befreit** wird.

§ 326 Abs. 1 BGB, der grundsätzlich zunächst vorsieht, dass der Gläubiger (im Arbeitsverhältnis der Arbeitgeber) im Fall der Unmöglichkeit der Leistung des Schuldners nicht mehr zur

Gegenleistung verpflichtet ist, wird durch § 326 Abs. 2 BGB modifiziert. Hiernach bleibt **der Anspruch des Schuldners auf Gegenleistung ausnahmsweise bestehen,** wenn der Gläubiger allein oder überwiegend für die schuldnerseitige Unmöglichkeit **verantwortlich** ist.

Hiernach behält der Arbeitnehmer also ausnahmeweise auch bei Nichterbringung seiner Arbeitsleistung einen Anspruch auf Lohnzahlung. Voraussetzung für diesen Anspruch auf **„Lohn ohne Arbeit"** ist hierbei, dass die Gründe für die Nichtleistung in der **Sphäre des Arbeitgebers** liegen müssen.

In der Praxis ist eine Abgrenzung der vom Arbeitgeber zu vertretenden Unmöglichkeit zu der speziell auf das Arbeitsverhältnis zugeschnittenen Vorschrift des § 615 BGB, die den Verzug des Arbeitgebers regelt, problematisch und umstritten. Denn **häufig ist eine Abgrenzung zwischen Unmöglichkeit und Verzug nicht trennscharf durchführbar.**

In der Vorschrift zum arbeitgeberseitigen Verzug wird die speziell für **Arbeitsverhältnisse** typische Besonderheit der Arbeitnehmer-Arbeitgeber-Beziehung und die soziale Schutzbedürftigkeit aufgrund der monetären Abhängigkeit des Arbeitnehmers ausreichend berücksichtigt. Aus diesem Grund ergänzt § 615 BGB den allgemeiner gehaltenen § 326 Abs. 2 BGB und umfasst damit auch Fälle, in denen durch die Nichtannahme der Leistung nicht nur Verzug, sondern auch Unmöglichkeit eintritt.

Bei der Beurteilung arbeitsrechtlicher Sachverhalte, die eine Leistungsstörung seitens des Arbeitnehmers zum Gegenstand haben, sind daher die Regelungen in § 615 BGB besonders zu beachten und eine eventuell bestehende Verantwortung des Arbeitgebers zu untersuchen. Auf diese Regelung soll daher im Folgenden näher eingegangen werden.

**„Lohn ohne Arbeit" aufgrund der Sonderregelungen in § 615 BGB**

- Annahmeverzug des Arbeitgebers (§ 615 S. 1 BGB)
- Betriebs- und Wirtschaftsrisiko des Arbeitgebers (§ 615 S. 3 BGB)

### Annahmeverzug des Arbeitgebers

Befindet sich der Arbeitgeber im Annahmeverzug, so finden die besonderen arbeitsrechtlich Regelungen in § 615 S. 1 BGB Anwendung.

Die Vorschrift stellt **keine** eigene Anspruchsgrundlage dar. Stattdessen ergänzt sie als Spezialvorschrift die Regelung in § 326 Abs. 2 S. 1 und dient der **Aufrechterhaltung des Vergütungsanspruchs** aus dem Arbeitsvertrag nach § 611a BGB.

Für die Anwendbarkeit des § 615 S. 1 BGB ist erforderlich, dass die Voraussetzungen des Annahmeverzugs des Arbeitgebers nach §§ 293 ff. BGB vorliegen. Hiernach muss ein erfüllbares Arbeitsverhältnis, das Leistungsvermögen und der Leistungswille des Arbeitnehmers sowie die Nichtannahme durch den Arbeitgeber vorliegen.

Von besonderer praktischer Relevanz ist die Vorschrift zum Annahmeverzug im Fall eines Kündigungsschutzverfahrens auf Veranlassung des Arbeitgebers. In diesem Fall ist der Arbeitnehmer leistungsfähig nach § 297 BGB und die Kündigung des Arbeitgebers stellt nach Auffassung des Bundesarbeitsgerichts gleichzeitig dessen Erklärung dar, dass er die Leistung des Arbeitnehmers nicht annehmen werde. Demzufolge ist seitens des Arbeitnehmers ein Angebot nach §§ 294 ff. BGB entbehrlich.

> ***Beispiel***
> *Der Arbeitgeber U kündigt dem Arbeitnehmer A. Als er ihm die schriftliche Kündigung übergibt sagt er ihm, er sei froh, dass er ihn nun endlich nicht mehr sehen müsse.*
>
> *A erhebt form- und fristgerecht Kündigungsschutzklage. Aufgrund der Kündigung und der zusätzlichen Äußerung des U bedarf es keines weiteren Angebots seiner Arbeitsleistung gegenüber U. Die Voraussetzung für die Anwendbarkeit des § 615 S. 1 BGB liegen vor, sodass A ein Anspruch auf Zahlung des Lohns ohne Arbeit während des laufenden Kündigungsschutzprozesses zusteht.*

Nach § 615 S. 1 BGB muss sich der Arbeitnehmer auf den Entgeltanspruch das anrechnen, was er infolge der Nichtleistung erspart hat.

**Exkurs**

Zusätzlich ist im Falle der Anwendbarkeit des Kündigungsschutzgesetzes § 11 KSchG zu beachten.

Ein Verschulden des Arbeitgebers ist beim Annahmeverzug des Arbeitgebers nicht erforderlich. Verzug des Arbeitgebers liegt sowohl bei **Annahmeunwilligkeit** als auch bei **Annahmeunmöglichkeit** seitens des Arbeitgebers vor.

*Beispiel*

*Der Arbeitgeber möchte einfach mal eine Pause einlegen und möchte seine Produktionsstraße gerne eine Woche stillstehen lassen. Deswegen entschließt er sich dazu, seinen Arbeitnehmern während dieser Zeit keinen Zutritt mehr zu seinem Betrieb zu gewähren.*

*Aufgrund der Schließung des Betriebs ist die Erbringung der Arbeitsleistung den Arbeitnehmern damit infolge des Fixschuldcharakters ihrer Leistung unmöglich. Sie werden von Ihrer Leistungspflicht nach § 275 Abs. 1 BGB frei.*

*Der Arbeitsgeber hat sich zur Schließung des Betriebs entschlossen. Er ist damit dafür verantwortlich, dass die Arbeitnehmer ihre Arbeitsleistung nicht erbringen können. Somit hat der Arbeitgeber die arbeitnehmerseitige Unmöglichkeit der Leistungserbringung zu vertreten.*

*Die Arbeitnehmer können gemäß § 615 S. 1 BGB von ihrem Arbeitgeber daher die Zahlung des Lohns ohne Arbeit aus § 611a Abs. 2 BGB verlangen.*

## Betriebs- und Wirtschaftsrisiko des Arbeitgebers

Wie sich aus § 615 S. 3 BGB ergibt, finden die Vorschriften des § 615 S. 1 und 2 BGB auf Fälle des **Betriebsrisikos** Anwendung.

Nach dem Willen des Gesetzgebers soll der Arbeitgeber das Risiko eines Arbeitsausfalls – sei es infolge technischer oder sonstiger Gründe – tragen. Denn der Arbeitgeber ist derjenige, der die unternehmerische Verantwortung trägt und gleichzeitig von den wirtschaftlichen Erträgen profitiert.

Es liegt daher in seinem Aufgabenbereich, eventuelle Risiken vorzubeugen. Aufgrund der ihm zustehenden Kompetenzen und Entscheidungsfreiheiten kann er durch vorausschauende Handlungsweisen Vorbeugungsmaßnahmen selber steuern und lenkend eingreifen.

Diese Einflussmöglichkeit besteht seitens des Arbeitnehmers gerade nicht, sodass die Risikoverteilung zu Lasten des Arbeitgebers durch die gesetzlichen Vorschriften eine angemessene – den Arbeitnehmer schützende – Regelung darstellt.

> *Beispiel*
> *Auswahl an Betriebsrisiken, die der Arbeitgeber zu tragen hat:*
>
> - *Tatsächliche Risiken:*
>   → *Stromausfall*
>   → *Brand*
>   → *Überschwemmung*
>   → *Blitzschlag*
> - *Rechtliche Umstände*
>   → *Entzug der Genehmigung*
>   → *Behördliche Schließung*

Zu beachten ist jedoch in diesem Zusammenhang, dass das **Wegerisiko** grundsätzlich vom Arbeitnehmer zu tragen ist. Es fällt in den Verantwortungsbereich des Arbeitnehmers, seinen Arbeitsplatz zu erreichen, um dort seine Arbeitsleistung anbieten zu können. Hindern ihn objektive oder subjektive Umstände daran, seine Arbeitsleistung gegenüber dem Arbeitgeber anzubieten, so gilt in diesem Fall der allgemeine Grundsatz „ohne Arbeit kein Lohn“.

*Beispiel*

*Infolge eines Schneesturms kommt es zu einem stadtweiten Stromausfall und Chaos auf den Straßen.*

*Arbeitnehmer A hat keine Möglichkeit, zu seinem Arbeitsplatz bei U zu gelangen. Hinzu kommt, dass U den A aufgrund des Stromausfalls ohnehin nicht beschäftigen könnte.*

*Aufgrund des von A zu tragenden Wegerisiko hat der Arbeitnehmer jedoch keinen Anspruch auf Lohnzahlung nach §§ 611a, 615 BGB.*

*Erst wenn A seine Arbeitsleistung bei U vor Ort tatsächlich anböte und dieser ihn wegen des Stromausfalls nicht beschäftigen könnte, würde ein Lohnanspruch aufgrund des von U zu tragenden Betriebsrisikos aus §§ 611a, 615 S. 1 und S. 2 BGB bestehen.*

Eine Ausnahme von der Betriebsrisikolehre besteht dann, wenn die **Existenz des Betriebs gefährdet** wäre. Diese Ausnahme ist jedoch sehr **restriktiv** auszulegen und kommt daher nur in seltenen Fällen zum Tragen. So entschied das Bundesarbeitsgericht, dass bei einer Gefährdung des wirtschaftlichen Bestands des Arbeitgebers durch eine Betriebsstörung, eine Minderung oder sogar vollständige Kürzung des Lohns der Arbeitnehmer in Betracht kommt.

**Exkurs**

Im Arbeitskampf bestehen zusätzlich Besonderheiten. Nach Auffassung des Bundesarbeitsgerichts fällt das Arbeitskampfrisiko nicht unter das Betriebsrisiko.

Der Entgeltanspruch arbeitswilliger Arbeitnehmer entfällt, sofern deren Beschäftigung durch den Arbeitgeber aufgrund des Streiks technisch unmöglich oder wirtschaftlich unzumutbar wäre.

Zu beachten ist, dass von den Regelungen in § 615 BGB nach h. M. unter engen Voraussetzungen abgewichen werden kann. Dies wird damit begründet, dass § 615 BGB nicht von § 619 BGB, der die Unabdingbarkeit einzelner Vorschriften regelt, explizit benannt wird.

Einigkeit besteht insoweit, dass die Risikoverteilung des § 615 S. 3 BGB nur unter sehr engen Voraussetzungen abgeändert werden kann, da andernfalls die gesetzliche Intention konterkariert würde.

### Vorübergehende Verhinderung des Arbeitnehmers

Eine besondere Regelung zugunsten des Arbeitnehmers stellt § 616 BGB dar, wonach der Arbeitnehmer trotz **vorübergehender Verhinderung** seinen Lohn vom Arbeitgeber erhält. Dem Arbeitnehmer wird hiernach ausnahmsweise ein Lohnanspruch bei Nichtleistung gewährt, obgleich die Gründe für die Nichtleistung in der **Sphäre des Arbeitnehmers** liegen.

Die Vorschrift unterscheidet sich insofern von § 615 BGB, der dem Arbeitnehmer ausnahmsweise „Lohn ohne Arbeit" gewährt, weil der Grund für die Nichterbringung der Arbeitsleistung des Arbeitnehmers dort in der Sphäre des Arbeitgebers liegt.

**Exkurs**

Die Vorschriften des Entgeltfortzahlungsgesetzes sind lex specialis gegenüber der Regelung in § 616 BGB.

Bei vorübergehender krankheitsbedingter Abwesenheit des Arbeitnehmers wird § 616 BGB deswegen durch das speziellere Entgeltfortzahlungsgesetz verdrängt.

Voraussetzung für die Anwendbarkeit des § 616 BGB ist, dass der Arbeitnehmer durch einen **in seiner Person liegenden Grund für eine verhältnismäßig nicht erhebliche Zeit ohne sein Verschulden an der Arbeitsleistung gehindert ist.** Grund hierfür und Sinn und Zweck der Vorschrift ist, so auch das Bundesarbeitsgericht, die Sicherung der Existenzgrundlage aus Gründen der Billigkeit.

| *Checkliste<br>Anspruch auf Lohn ohne Arbeit nach § 616 BGB:* | |
|---|---|
| Arbeitnehmer | ✓ |
| persönliches Leistungshindernis | |
| vorübergehend – d. h. relativ kurzer Zeitraum | |
| Kausalität zwischen Leistungshindernis und vorübergehender Abwesenheit | |
| kein Verschulden | |
| Spezialregelungen anwendbar als lex specialis? | |
| RF: Erhaltung des Lohnanspruchs | |

Da die Anwendbarkeit des § 616 BGB ein **persönliches Arbeitshindernis** voraussetzt, scheidet diese bei Vorliegen objektiver Hinderungsgründe aus. Dies entspricht der **Be-**

**triebsrisikolehre,** wonach solche Fallkonstellationen bereits von § 615 S. 3 BGB erfasst werden.

Erforderlich ist stattdessen ein subjektives, persönliches Leistungshindernis. Das Bundesarbeitsgericht legt dieses Tatbestandsmerkmal relativ weit aus. So ist es hiernach ausreichend, wenn das Hindernis aus der **Sphäre des Arbeitnehmers** stammt und also nicht unmittelbar in dessen Person begründet ist.

Die **Unzumutbarkeit der Leistungserbringung** ist bereits ausreichend, sodass es keiner Unmöglichkeit bedarf. Bei der Beurteilung, ob ein persönliches Leistungshindernis vorliegt, ist eine Interessenabwägung nach Treu und Glauben vorzunehmen. Ferner sind übergeordnete sittliche und rechtliche Pflichten ebenfalls zu berücksichtigen.

*Beispiel*

*Persönliche Arbeitshindernisse*

- *Angelegenheiten zu bestimmten Tageszeiten – Behördengänge, Gerichtstermine*
- *Familiäre Ereignisse (Eheschließung der Kinder, Begräbnis im engen Familienkreis, Niederkunft der Ehefrau)*
- *Persönliche Unglücksfälle (Brand, Einbruch)*
- *Ehrenamt (nicht bei privaten Vereinen)*
- *Arztbesuch, Erkrankung naher Familienangehöriger*

Das **Wegerisiko** fällt nicht unter den Anwendungsbereich des § 616 BGB. Denn dieses Risiko fällt in den Einfluss- und Verantwortungsbereich des jeweiligen Arbeitnehmers und ist von diesem daher zu tragen. Andernfalls würde diese Intention mit der Folge durchbrochen werden, dass der Arbeitgeber das Risiko faktisch doch zu tragen hätte. Und dies ist vom Gesetzgeber gerade nicht gewollt.

Das persönliche Leistungshindernis muss nach § 616 BGB **kausal** für die Arbeitsverhinderung sein. Diese Kausalität ist jedoch zu verneinen, wenn der Arbeitnehmer ohnehin unabhängig von diesem Leistungshindernis verhindert gewesen wäre, etwa aufgrund urlaubsbedingter Abwesenheit.

Das für die Arbeitsverhinderung kausale persönliche Leistungshindernis darf nicht vom Arbeitnehmer verschuldet sein. Hierbei gilt jedoch nicht der Verschuldensbegriff des § 276 BGB. Nach Rechtsprechung des Bundesarbeitsgerichts ist ein *Verschulden bei gröblichen Verstößen gegen das von einem verständigen Menschen im eigenen Interesse zu fordernde Verhalten* anzunehmen.

> *Beispiel*
> *Ein die Anwendbarkeit des § 616 BGB ausschließender gröblicher Verstoß liegt beispielsweise vor, wenn die Abwesenheit die Folge eines Alkoholmissbrauchs, aufgrund des Nichtanlegens eines Sicherheitsgurts oder vergleichbare Handlungsweisen erfolgt.*

Die Verhinderungsdauer fällt nur unter den Anwendungsbereich des § 616 BGB, wenn diese eine **verhältnismäßig nicht erhebliche Zeit** andauert. Hierbei ist die Zeit der Arbeitsversäumung der Gesamtdauer der Beschäftigung gegenüberzustellen. Liegt eine Überschreitung einer verhältnismäßig nicht erheblichen Zeit vor, so besteht kein Anspruch nach § 616 BGB für die Gesamtdauer der Verhinderung.

Liegen die genannten Voraussetzungen vor, so behält der Arbeitnehmer seinen Anspruch auf Entgeltzahlung. Ausnahmsweise erhält er damit **Lohn ohne Arbeit.** Der Arbeitnehmer wird dadurch so gestellt, als wenn er seine Arbeitsleistung erbracht hätte. Jedoch besteht seitens des Arbeitnehmers eine Anrechnungspflicht nach § 616 S. 2 BGB.

> ***Beispiel***
>
> *A arbeitet zu festen Arbeitszeiten täglich von Mo.-Fr. in der Zeit von 8.00 – 16.30 Uhr. Sie erhält eine Vorladung als Zeugin bei Gericht für eine Verhandlung, die während ihrer regelmäßigen Arbeitszeit stattfindet.*
>
> *Bei der vorübergehenden Abwesenheit aufgrund der Wahrnehmung des Gerichtstermins handelt es sich um ein persönliches Leistungshindernis. Da die Voraussetzungen des § 616 BGB vorliegen, hat A einen Anspruch auf Freistellung unter Fortzahlung ihrer Bezüge gegenüber ihrer Arbeitgeberin U.*
>
> *Würde A jedoch in einem flexiblen Arbeitszeitmodell arbeiten – etwa mit Gleitzeitkonto –, wäre sie verpflichtet, ihre Arbeitszeit entsprechend flexibel zu gestalten und den Gerichtstermin außerhalb ihrer Arbeitszeit – während der Gleitzeit – wahrzunehmen.*

Zu berücksichtigen ist, dass es sich bei § 616 BGB um **dispositives Recht** handelt. Dies ergibt sich im Umkehrschluss aus § 619 BGB, in dem die Regelungen zur vorübergehenden Verhinderung nicht als unabdingbare Vorschrift zitiert werden.

Abweichende Regelungen – sowohl zugunsten als auch zuungunsten des Arbeitnehmers – finden sich in Arbeits-, Tarifverträgen oder Betriebsvereinbarungen. So sind hierin beispielsweise Regelungen enthalten, wonach die Arbeitnehmer für Eheschließung, Geburt eines Kindes oder Todesfälle naher Angehöriger für eine bestimmte Anzahl von Tagen bei Fortzahlung der Vergütung von ihrer Arbeitspflicht freigestellt werden.

**Exkurs**

§ 629 BGB stellt im Verhältnis zu § 616 BGB eine Spezialvorschrift dar. Hiernach hat der Arbeitgeber dem Arbeitnehmer nach der Kündigung angemessene Zeit zur Stellensuche zu gewähren.

### *Innerbetrieblicher Schadensausgleich*

Gerade im Fall einer **Nebenpflichtverletzung** – in Form einer Sorgfaltspflichtverletzung – kommen in der Praxis **Schadensersatzansprüche** des Arbeitgebers gegenüber dem Arbeitnehmer für den von diesem verursachten Schaden in Betracht.

Nach den **allgemeinen Schadensregelungen** wird im Zivilrecht eine Haftung angenommen, sofern ein **Verschulden** vorliegt. Nach § 276 BGB wird ein Verschulden bejaht, wenn **Vorsatz** oder **Fahrlässigkeit** vorliegen.

**Exkurs**

**Verschuldensbegriff im Zivilrecht**

- **Vorsatz** ist das Wissen und Wollen der Tatbestandsverwirklichung im Bewusstsein der Rechtswidrigkeit.
- **Fahrlässig** handelt nach § 276 Abs. 2 BGB, wer die im Verkehr erforderliche Sorgfalt außer Acht lässt.

Zur Schadensersatzpflicht des Arbeitnehmers entwickelte die Rechtsprechung im Laufe der Jahre Grundsätze zur **Haftungsmilderung** zugunsten der Arbeitnehmer.

Hintergrund für diesen sog. **innerbetrieblichen Schadensausgleich** ist der Umstand, dass selbst bei sorgfältigster Arbeit nie ausgeschlossen werden kann, dass im Laufe eines Arbeitslebens Fehler vorkommen, die evtl. sogar zu erheblichen Schäden an fremden Rechtsgütern oder Personen führen können.

Hierbei ist zu berücksichtigen, dass der Arbeitnehmer seine Arbeitsleistung in einer Organisation erbringt, in der er fremdbestimmt tätig wird und nicht er selber, sondern der Arbeitgeber die Verantwortung trägt und entsprechend Gestaltungsspielraum besitzt.

Aus Sicht der ständigen Rechtsprechung würde eine so weitreichende Haftung des Arbeitnehmers diesem gegenüber zu einer *unzumutbaren Belastung* führen. So dürfe *die betriebliche Arbeitsteilung nicht zur Abwälzung der Risiken auf die Arbeitnehmer führen. Bereits ein geringer Sorgfaltsverstoß könne ggf. außer Verhältnis zum Arbeitslohn des Arbeitnehmers und damit zu seiner Existenzgrundlage stehen.*

Der Arbeitgeber hingegen, so die Rechtsprechung, könne evtl. Schäden durch Rücklagen/Versicherungen abdecken. Außerdem habe er als Verantwortlicher die Möglichkeit, auf die Situation im Betrieb, die Arbeitsabläufe und die vorhandenen Standards einzuwirken, diese zu verändern und der Entstehung möglicher Schäden dadurch vorzubeugen.

Sowohl die h. M. in der Literatur als auch die Rechtsprechung orientieren sich damit am **sozialen Schutzprinzip und der Risikoverteilung nach Verantwortungsbereichen.**

In entsprechender Anwendung des Rechtsgedankens des § 254 BGB gelten hiernach bei Schadenseintritt im Falle der **betrieblichen Veranlassung spezielle Haftungsmilderungsregelungen.**

Für diese im Arbeitsrecht vorkommenden speziellen Fallkonstellationen entwickelte die Rechtsprechung ein System, wonach der **Umfang der Haftung** des Arbeitnehmers – abweichend von § 276 BGB – abhängig vom **Grad des Verschuldens** des Arbeitnehmers ist.

Nachdem die Rechtsprechung zunächst eine solche Haftungsmilderung nur vorsah, wenn der Arbeitnehmer eine sog. gefahrgeneigte Tätigkeit ausübte, hält das Bundesarbeitsgericht seit 1994 eine **betrieblich veranlasste Tätigkeit** für die Anwendbarkeit der Regeln zum **innerbetrieblichen Schadensausgleich** für ausreichend.

Abhängig von der konkreten Handlung des Arbeitnehmers bestimmt sich der **Grad des Verschuldens** des Arbeitnehmers. Dabei wird zwischen leichtester Fahrlässigkeit bis hin zu Vorsatz unterschieden.

Abhängig von der Einordnung des Verschuldensgrads hat die ständige Rechtsprechung unterschiedliche Haftungsbeschränkungen entwickelt. Diese variieren hinsichtlich der Pflicht zur Schadensübernahme von einer vollständigen Freistellung, über Schadensteilung bis hin zur vollständigen Haftung seitens des Arbeitnehmers.

*Checkliste*

| Grad des Verschuldens | Handlung des Arbeitnehmers (AN) | ✓ |
|---|---|---|
| Leichteste Fahrlässigkeit | Kleiner Fehler/Versehen | |
| Normale Fahrlässigkeit | Mittlerer Bereich des § 276 II BGB – Nichtbeachtung der im Verkehr erforderlichen Sorgfalt, ohne dass dem AN ein besonders schwerer Vorwurf gemacht werden kann | |
| Grobe Fahrlässigkeit | Verletzung der im Verkehr erforderlichen Sorgfalt in besonders schwerem Maße/Verletzung wesentlicher Verhaltensregelungen, die für jeden nachvollziehbar sind | |
| Vorsatz | AN sieht Pflichtverletzung und Schaden voraus und nimmt beides billigend in Kauf | |

| *Checkliste* | | |
|---|---|---|
| **Grad des Verschuldens** | **Haftung des Arbeitnehmers** | ✓ |
| Leichteste Fahrlässigkeit | • vollständige Freistellung des Arbeitnehmers von der Haftung<br>• Arbeitgeber trägt das Betriebsrisiko | |
| Normale Fahrlässigkeit | • Schadensteilung<br>• in der Praxis in der Regel max. 3 Monatsgehälter | |
| Grobe Fahrlässigkeit | • Schadensteilung<br>• in der Praxis in der Regel mind. 3 Monatsgehälter<br>• wirtschaftliche Zumutbarkeit | |
| Vorsatz | • vollständige Haftung des Arbeitnehmers<br>• kein Schutzbedürfnis des Arbeitnehmers | |

Erforderlich für die Anwendbarkeit des innerbetrieblichen Schadensausgleichs und der Haftungsprivilegierungen ist, dass der Schädigende überhaupt zum geschützten Personenkreis gehört und dass das zum Schaden führende Ereignis aufgrund einer betrieblich veranlassten Handlung geschah.

| *Checkliste Voraussetzung für die Anwendbarkeit der Haftungsprivilegierung nach Verschuldensgrad* | | |
|---|---|---|
| **Voraus-setzung** | | ✓ |
| Geschützter Personenkreis | • Arbeitnehmer<br>• Auszubildende<br>• Praktikanten<br>• Arbeitnehmerähnliche Personen<br>• Leiharbeitnehmer | |
| Tätigkeit | Ausübung einer betrieblich veranlassten Tätigkeit<br>= Tätigkeit, die dem Arbeitnehmer vertraglich übertragen wurde und im Interesse des Arbeitgebers ausgeübt wird | |
| Schaden | in Ausübung auf betriebliche Veranlassung | |

Finden die Grundsätze zum innerbetrieblichen Schadensausgleich in der jeweiligen Fallkonstellation Anwendung so hat dies daher erhebliche arbeitnehmerschützende Auswirkungen.

Mit Urteil aus dem Jahr 1998 äußerte sich das Bundesarbeitsgericht dahingehend, dass die Regelungen zum innerbetrieblichen Schadensausgleich einseitig zwingendes Arbeitnehmerschutzrecht seien und hiervon nicht einzel- oder kollektivrechtlich zulasten des Arbeitnehmers abgewichen werden könne.

Die Grundsätze zum innerbetrieblichen Schadensausgleich gelten ebenfalls für die deliktische Haftung des Arbeitnehmers aus § 823 BGB. Andernfalls wäre der Schutz des Arbeitnehmers vor einer unzumutbaren Schadenstragungspflicht nicht erreichbar.

Bei den erleichterten Haftungsbestimmungen zugunsten des Arbeitnehmers handelt es sich grundsätzlich um Sachverhalte, die die **Innenhaftung** des Arbeitnehmers – also im Verhältnis zum Arbeitgeber – betreffen.

Besonderheiten gelten hinsichtlich der Ansprüche **geschädigter Dritter.** Handelt der Arbeitnehmer als Erfüllungsgehilfe nach § 278 BGB oder als Verrichtungsgehilfe nach § 831 BGB des Arbeitgebers, so findet der Schadensausgleich im Verhältnis zwischen dem Dritten und dem Arbeitgeber statt. Verlangt der Arbeitgeber vom Arbeitnehmer Erstattung des Schadensersatzes, so gelten jedoch auch hier die Grundsätze zum innerbetrieblichen Schadensausgleich.

Wird der Arbeitnehmer direkt vom geschädigten Dritten in Anspruch genommen, so haftet er nach den allgemeinen Vorschriften. Dem Arbeitnehmer steht jedoch ein Rückgriffsanspruch gegenüber dem Arbeitgeber entsprechend den Regelungen zum innerbetrieblichen Schadensausgleich oder ein Anspruch auf Freistellung nach § 670 BG i. V. m. § 257 BGB zu.

*Beispiel*

*Dem Arbeitnehmer A fällt beim Auspacken sehr wertvoller Designerlampen eine Lampe versehentlich aus der Hand, die durch den Aufprall zerstört wird.*

*Da es sich hierbei um leichteste Fahrlässigkeit seitens des A handelt, hat dieser entsprechend den Grundsätzen zum innerbetrieblichen Schadensausgleich seinem Arbeitgeber U den entstandenen Schaden nicht zu ersetzen.*

*Abwandlung:*

*Während A plant, die sehr wertvollen Designerlampe auszupacken, telefoniert er – sein Telefon in der Hand haltend – angeregt mit einem Bekannten. Den Karton, in dem sich die wertvollen Lampen befinden, stellt er dabei auf einer viel zu schmalen Treppenstufe ab, sodass der Karton samt dessen Inhalt droht, herunterzufallen. Parallel dazu bezieht er einen weiteren Kollegen in das Telefonat, die private Abendplanung betreffend, durch Zurufen mit ein. Da A außerdem Appetit auf einen Snack bekommt, lässt er den Karton vorübergehend auf der Treppenstufe stehen, um sich schnell etwas aus der einen Stockwerk tiefer befindlichen Küche zu holen. Der auf der zu schmalen Treppenstufe zurückgelassene Karton mit den wertvollen Lampen fällt die Treppe hinunter und die darin befindlichen Lampen werden zerstört.*

*Da A hier grob fahrlässig handelt, hat dieser entsprechend den Grundsätzen zum innerbetrieblichen Schadensausgleich seinem Arbeitgeber U den entstandenen Schaden –*

*abhängig vom Gesamtschaden im Verhältnis zu seinem Gehalt zumindest anteilig – zu ersetzen.*

## Pflichtverletzung des Arbeitgebers

Kommt der Arbeitgeber seiner Vergütungspflicht oder seinen Nebenleistungspflichten nicht nach, so hat der Arbeitnehmer gegenüber dem Arbeitgeber Ansprüche aus den **allgemeinen Vorschriften** des Leistungsstörungsrechts des Bürgerlichen Gesetzbuchs, die zusätzlich noch durch arbeitsrechtliche Vorschriften ergänzt werden.

Dem Arbeitnehmer steht im Fall fehlender Lohnzahlung des Arbeitgebers ein **Zurückbehaltungsrecht** seiner Arbeitsleistung nach § 320 BGB zu. Dabei findet die Schutzbedürftigkeit des Arbeitnehmers insoweit besondere Berücksichtigung, als eine spätere Nachholung der Leistung – wie dies sonst der Fall ist – als unzumutbare Schlechterstellung erachtet wird. Die Vorleistungspflicht des Arbeitnehmers aus § 614 BGB besteht daher nur während des Lohnzahlungszeitraums.

*Beispiel*
*Der Unternehmer U hat aufgrund schlechter Auftragslage Umsatzeinbußen. Er entscheidet sich daher, die Lohnzahlung an seine Arbeitnehmer vorerst einzustellen.*

*Nach § 611a Abs. 2 BGB i. V. m. dem Arbeitsvertrag haben die Arbeitnehmer einen Anspruch auf Lohnzahlung. Sie können ihre Arbeitsleistung zurückbehalten und sind auch nicht zur nachträglichen Erbringung der Leistung verpflichtet, wenn U den Lohn später an sie gezahlt hat.*

Ist der Arbeitgeber nicht bereit, den Lohn des Arbeitnehmers zu zahlen, so kann der Arbeitnehmer die Lohnzahlung im Weg einer Lohnzahlungsklage vor dem Arbeitsgericht durchsetzen.

## Beendigung des Arbeitsverhältnisses

Neben der Begründung, dem Inhalt und der Störung des Arbeitsverhältnisses nimmt die Beendigung des Arbeitsverhältnisses einen wichtigen Stellenwert im Arbeitsrecht ein.

Relevant sind hierbei sowohl die Ausgestaltung der verschiedenen Beendigungsformen und die Einhaltung der damit verbundenen verschiedenen rechtlichen Anforderungen als auch prozessuale Aspekte.

### Beendigungsmöglichkeiten

Eine Beendigung des Arbeitsverhältnisses kommt durch **einvernehmliche Vereinbarung,** durch **einseitige Erklärung** und durch **sonstige Beendigungsgründe** in Betracht.

### Vereinbarte Beendigung

Voraussetzung für eine vereinbarte Beendigung des Arbeitsverhältnisses ist die **Einigung der Vertragsparteien.** Eine solche Beendigung kann durch Vereinbarung einer Befristungsabrede oder Aufhebungsvereinbarung erfolgen. Hinsichtlich der rechtlichen Wirksamkeit einer solchen Vereinbarung bedarf es einer Überprüfung nach den Vorschriften des allgemeinen Teils des Bürgerlichen Gesetzbuchs und den speziellen Arbeitsgesetzen.

## *Befristung des Arbeitsverhältnisses*

Die Einigung der Vertragsparteien, das Arbeitsverhältnis zu beenden, kann bereits im Zeitpunkt des Abschlusses des Arbeitsverhältnisses in Form einer **Befristungsabrede** erfolgen.

Hierbei sind die besonderen Vorschriften des Teilzeit- und Befristungsgesetzes zu berücksichtigen. Erforderlich ist bei der Vereinbarung einer solchen Befristung die Einhaltung der **Schriftform** nach § 14 Abs. 4 TzBfG.

Zu unterscheiden ist zwischen der **Sachgrundbefristung** und der **sachgrundlosen Befristung,** die nur unter sehr engen Voraussetzungen statthaft ist.

Ist die Befristung wirksam, so endet das befristete Arbeitsverhältnis nach § 15 Abs. 1 TzBfG automatisch, ohne dass es einer Kündigung bedarf.

**Exkurs**

Hinsichtlich der speziellen einzelnen Regelungen zur Zulässigkeit der Befristung von Arbeitsverhältnissen wird auf die vorherigen Ausführungen zum Inhalt des Arbeitsverhältnisses verwiesen.

## *Aufhebungsvereinbarung*

Eine **Aufhebungsvereinbarung** wird von den Vertragsparteien zwecks Beendigung des Arbeitsverhältnisses im Laufe des bestehenden Vertragsverhältnisses zu einem beliebigen Zeitpunkt geschlossen.

Nach § 311 BGB können die Parteien jederzeit einvernehmlich die Beendigung des Arbeitsverhältnisses vereinbaren, ohne dass diese Vereinbarung an kündigungsrechtliche Beschränkungen gebunden ist.

Wichtig ist jedoch, dass eine solche Aufhebungsvereinbarung der **Schriftform** nach § 623 BGB bedarf. Wird die Schriftform nicht eingehalten, so ist die Vereinbarung nach §§ 126, 125 S. 1 BGB nichtig. Die elektronische Form ist nach § 623 Hs. 2 BGB explizit nicht zulässig.

Beim Abschluss einer Aufhebungsvereinbarung ist das Schriftformerfordernis des § 623 BGB zwingend zu beachten.

Vereinbaren die Vertragsparteien einen Aufhebungsvertrag, so darf dies nicht zu einer **Umgehung der Vorschriften zur Befristung nach den Vorschriften des Teilzeit- und Befristungsgesetzes** führen. Eine solche faktische Umgehung kommt bei langfristig im Voraus vereinbarten Aufhebungen in Betracht. Überschreitet die vereinbarte Auslauffrist die Kündigungsfrist um ein Vielfaches, so ist eine Umgehung zu bejahen. Dies hat zufolge, dass dann eine Befristungskontrolle gemäß § 14 TzBfG analog durchzuführen ist.

*Beispiel*

*Nach fünfmonatigem Bestehen des Arbeitsverhältnisses schließen die Vertragsparteien A und U schriftlich einen Aufhebungsvertrag, wonach der Beendigungszeitpunkt vier Jahre nach Abschluss der Vereinbarung sein soll.*

*Nachdem A erst so kurz bei U beschäftigt war und damit eine relativ kurze gesetzliche Kündigungsfrist im Zeitpunkt des Abschlusses der Aufhebungsvereinbarung galt, kommt hier eine faktische Umgehung des Befristungsrechts in Be-*

*tracht. Die Zulässigkeit des Aufhebungsvertrags ist nach § 14 TzBfG analog zu prüfen. Zumindest eine sachgrundlose Befristung nach § 14 Abs. 2 TzBfG analog ist für diesen langen Zeitraum von vier Jahren nicht zulässig.*

## Einseitige Beendigung

Neben der Aufhebungsvereinbarung ist die einseitige Beendigung des Arbeitsverhältnisses – meist in Form einer **Kündigung** – von besonderer Relevanz im Arbeitsrecht. Kündigungen beschäftigen daher regelmäßig die Arbeitsgerichte in zahlreichen verschiedenen Fallkonstellationen.

Neben der **ordentlichen Kündigung** kann die einseitige Beendigung auch in Form einer **außerordentlichen Kündigung** erfolgen. An diese beiden Kündigungsformen werden jeweils unterschiedliche Voraussetzungen hinsichtlich ihrer Wirksamkeit geknüpft.

Die Kündigungserklärung an sich ist eine **einseitige empfangsbedürftige Willenserklärung,** auf die zunächst die Vorschriften des allgemeinen Teils des Bürgerlichen Gesetzesbuchs Anwendung finden.

Erforderlich ist daher der **Zugang** der Kündigung. Der Zugang kann unter Anwesenden durch Übergabe der Kündigung erfolgen. Die allgemeinen Vorschriften zum Zugang von Willenserklärungen unter Abwesenden nach § 130 BGB finden Anwendung, sodass ein Zugang zu bejahen ist, wenn diese in den Machtbereich des Empfängers gelangt und dieser unter gewöhnlichen Umständen die Möglichkeit zur Kenntnisnahme hat.

**Exkurs**

Problematisch kann jedoch die Beweislage für den Arbeitgeber sein, sodass ggf. eine Übermittlung der Kündigung mittels Boten sinnvoll sein kann.

Eine zusätzliche spezielle Voraussetzung enthält § 623 BGB. Hiernach bedarf die Kündigung zu ihrer Wirksamkeit der **Schriftform.** Hierdurch sollen die Vertragsparteien unter anderem auch vor Übereilung geschützt, etwa in Fällen, in denen sie vorschnell aus einer Emotion heraus im Gespräch kündigen. Durch das Schriftformerfordernis der Kündigung können „Kurzschlussreaktionen" gegebenenfalls vermieden werden.

*Beispiel*

*Arbeitnehmer A fühlt sich von seiner Arbeitgeberin U ungerecht behandelt, als diese ihn bittet, ein Schriftstück zum wiederholten Male umzuformulieren. A entgegnet U in seiner Wut, er habe ohnehin schon lange keine Lust mehr, immer von ihr tyrannisiert zu werden. Sie könne ihr Schreiben selber korrigieren und er gehe jetzt für immer und endgültig und kündige damit das Arbeitsverhältnis.*

*Aufgrund der fehlenden Einhaltung der Schriftform der von A ausgesprochenen Willenserklärung fehlt es hier an einer wirksamen Kündigung nach § 623 BGB.*

Bei der Beurteilung arbeitsrechtlicher Sachverhalte ist daher auf die Einhaltung der Schriftform bei Kündigungserklärungen und Auflösungsvereinbarungen besonders zu achten.

Sowohl bei der ordentlichen Kündigung als auch bei der außerordentlichen Kündigung ist ebenso wie beim Aufhebungsvertrag die Schriftform des § 623 BGB einzuhalten.

Wird die Schriftform nicht eingehalten, so ist die Kündigung nichtig. Eine wirksame Kündigungserklärung liegt dann nicht vor.

Liegt eine schriftliche Kündigung vor und will der Arbeitnehmer geltend machen, dass die Kündigung sozial ungerechtfertigt ist oder aus anderen Gründen rechtsunwirksam ist, so muss er **nach § 4 S. 1 KSchG innerhalb von drei Wochen nach Zugang der schriftlichen Kündigung Klage beim Arbeitsgericht auf Feststellung erheben, dass das Arbeitsverhältnis durch die Kündigung nicht aufgelöst ist.** Geschieht dies nicht, so gilt die Kündigung nach § 7 KSchG als von Anfang an rechtswirksam.

Bei Nichteinhaltung der Frist zur Einlegung der Kündigungsschutzklage gegen eine schriftliche Kündigung nach § 4 KSchG gilt die Fiktion des § 7 KSchG mit der Folge, dass die Kündigung als wirksam erachtet wird.

Fehlt es bereits an einer schriftlichen Kündigung, bedarf es keiner Klageerhebung. Denn die Kündigung ist aufgrund des Formmangels nach §§ 623, 125 BGB nichtig.

Die Frist für die Anrufung der Arbeitsgerichte nach § 4 KSchG gilt für Aufhebungsverträge und für alle arbeitgeberseitigen Kündigungen. Dies ergibt sich aus § 23 KSchG, der den Geltungsbereich des Kündigungsschutzgesetzes zwar detailliert einschränkt, jedoch u. a. §§ 4 - 7 KSchG ausdrücklich hiervon ausnimmt.

Die Frist aus § 4 KSchG ist daher nicht auf Kündigungen, die unter die besonderen Vorschriften des Kündigungsschutzgesetzes fallen, beschränkt. Stattdessen umfasst der Anwendungsbereich auch Kündigungen, die aus anderen Gründen unwirksam sind oder eine außerordentliche Kündigung darstellen.

**Exkurs**

Neben der Kündigung kommt auch eine Beendigung in Form einer **Anfechtung** in Betracht. Die Anfechtung fällt jedoch **nicht** unter das Schriftformerfordernis des § 623 BGB.

Auf die Anfechtung wurde bereits im Zusammenhang mit dem **faktischen Arbeitsverhältnis** näher eingegangen.

## *Besonderer Kündigungsschutz*

Das Recht des Arbeitgebers, Kündigungen auszusprechen kann durch vertragliche Vereinbarungen, Betriebsvereinbarungen oder Tarifverträge eingeschränkt werden.

Außerdem besteht für bestimmte Personengruppen ein besonderer **gesetzlich geregelter Kündigungsschutz.** Teilweise ist die Kündigung dann gänzlich ausgeschlossen oder an besondere Voraussetzungen geknüpft.

Besonderer Kündigungsschutz findet sich z.B. in folgenden gesetzlichen Vorschriften:

- § 15 KSchG
  (zugunsten der Betriebsräte)
- § 168 ff. SGB IX
  (zugunsten Schwerbehinderter)
- § 17 MuSchG
  (zugunsten Schwangerer)
- § 18 BEEG
  (zugunsten Elternzeitberechtigter)
- § 5 PflegeZG
  (zugunsten Beschäftigter in Pflegezeit)
- § 2 Abs. 3 FPfZG i. V. m. § 5 PflegeZG
  (zugunsten Beschäftigter in Familienpflegezeit)
- § 22 BBiG
  (zugunsten Auszubildender)

### *Ordentliche Kündigung*

Bei der ordentlichen Kündigung sind unterschiedliche Umstände besonders zu berücksichtigen. Vor allem ist zwischen der arbeitnehmerseitigen und der arbeitgeberseitigen Kündigung zu unterscheiden.

Grundsätzlich steht es dem **Arbeitnehmer** frei, das Arbeitsverhältnis unter Einhaltung der für das Arbeitsverhältnis geltenden **Kündigungsfrist** zu kündigen.

Kündigt der **Arbeitgeber** das Arbeitsverhältnis, so ist stets zu prüfen, ob das **Kündigungsschutzgesetz** auf die konkrete Fallkonstellation Anwendung findet. Ist der Anwendungsbereich des Gesetzes eröffnet, so ist die Kündigung des Arbeitgebers daraufhin zu untersuchen, ob diese **sozial gerechtfertigt** ist.

Der sachliche Anwendungsbereich des Kündigungsschutzgesetzes ist abhängig von der **Betriebsgröße.** Der persönliche Anwendungsbereich ist abhängig von der **Dauer des Bestands des jeweiligen Arbeitsverhältnisses** im Zeitpunkt des Ausspruchs der Kündigung.

Für die Wirksamkeit der Kündigung durch den Arbeitnehmer und den Arbeitgeber gelten unterschiedliche Voraussetzungen.

Der Arbeitnehmer ist grundsätzlich frei darin, das Arbeitsverhältnis schriftlich unter Einhaltung der für das Arbeitsverhältnis geltenden Kündigungsfrist wirksam zu kündigen.

Der Arbeitgeber ist in seiner Kündigungsfreiheit eingeschränkt. Neben gesetzlichen kündigungsrelevanten Sondervorschriften muss er bei einer Kündigung des Arbeitsverhältnisses im Falle der Anwendbarkeit des Kündigungsschutzgesetzes die darin enthaltenen gesetzlichen Voraussetzungen einhalten und kann nur dann schriftlich unter Einhaltung der Kündigungsfrist wirksam kündigen.

## Kündigungsfrist

Die gesetzlichen Kündigungsfristen sind in § 622 BGB geregelt. Die Parteien können unter Einhaltung der in § 622 BGB genannten Voraussetzungen und Beachtung evtl. bestehender tarifvertraglicher Kündigungsfristen auch abweichende arbeitsvertragliche Regelungen zur Länge der Kündigungsfristen treffen.

Die gesetzlichen Kündigungsfristen nach § 622 BGB sind davon abhängig, wie lange das Arbeitsverhältnis im Zeitpunkt der Kündigungserklärung bestanden hat. Außerdem unterscheidet der Gesetzgeber zwischen der Kündigung durch den **Arbeitnehmer** und den **Arbeitgeber.**

Nach § 622 Abs. 1 BGB kann das Arbeitsverhältnis beidseitig mit einer Frist von vier Wochen zum 15. oder zum Ende eines Kalendermonats gekündigt werden.

Abhängig von der Dauer des Arbeitsverhältnisses **verlängert sich die Frist für die Kündigung durch den Arbeitgeber automatisch,** sobald das Arbeitsverhältnis mindestens zwei Jahre bestanden hat. Außerdem wird nach § 622 Abs. 2 BGB der Termin für die Kündigung auf das Ende eines Kalendermonats festgelegt. Die Kündigungsfrist variiert nach § 622 Abs. 2 BGB sodann abhängig vom Bestand des Arbeitsverhältnisses zwischen einem bis zu sieben Monaten.

Diese gesetzliche Regelung führt dazu, dass eine zwischen den Arbeitsvertragsparteien vertraglich vereinbarte kürzere Fristvereinbarung gegenüber dem Arbeitgeber modifiziert und hierdurch verdrängt wird. Für den Arbeitgeber findet in diesem Fall die längere gesetzliche Kündigungsfrist entgegen der vertraglichen Vereinbarung Anwendung.

Aus § 622 Abs. 6 BGB ergibt sich, dass die Parteien auch für den **Arbeitnehmer** eine längere Kündigungsfrist vereinbaren können, vorausgesetzt diese Frist ist **nicht** länger als die Frist, die für den Arbeitgeber gilt. Es handelt sich insoweit um eine **dispositive Rechtsvorschrift,** sodass die Parteien unter Beachtung der in der Vorschrift enthaltenen Einschränkung eine anderweitige Fristenregelung vereinbaren können

Die Verlängerung der gesetzlichen Kündigungsfrist erfolgt gegenüber dem Arbeitgeber automatisch. Hierbei handelt es sich um eine einzuhaltende Mindestfrist.

Die Parteien können vereinbaren, dass eine verlängerte Frist auch für den Arbeitnehmer Anwendung findet. Diese Kündigungsfrist darf nicht länger als die vom Arbeitgeber einzuhaltende Frist sein.

Während einer **vereinbarten Probezeit** gelten nach § 622 Abs. 2 BGB Besonderheiten. Hiernach kann das Arbeitsverhältnis längstens für die Dauer von sechs Monaten mit einer Frist von zwei Wochen gekündigt werden.

Besonderheiten gelten beim Vorliegen abweichender Regelungen durch Tarifvertrag. Diese können nach § 622 Abs. 4 BGB vereinbart werden.

Außerdem können unter den Voraussetzungen des § 622 Abs. 5 BGB unter den darin genannten Voraussetzungen ausnahmsweise kürzere als die in § 622 Abs. 1 BGB genannten Kündigungsfristen vereinbart werden.

***Beispiel***

*Arbeitnehmer A und Arbeitgeber U vereinbaren im Arbeitsvertrag eine beiderseitige Kündigungsfrist von drei Monaten zum Monatsende.*

*Nach zehn Jahren will U das Arbeitsverhältnis unter Einhaltung der dreimonatigen Kündigungsfrist kündigen.*

*Dies ist nicht möglich, da § 622 Abs. 2 Nr. 4 BGB für den* **Arbeitgeber** *eine viermonatige Kündigungsfrist vorsieht. Diese gesetzliche Regelung geht der vertraglichen Regelung vor.*

| *Checkliste Kündigungsfrist nach § 622 BGB* | | |
|---|---|---|
| **Dauer des AV** | **§ 622 BGB – Kündigungsfrist** | ✓ |
| < 2 Jahre | § 622 I BGB: **Arbeitgeber und Arbeitnehmer**<br>4 Wochen zum 15./Ende eines Kalendermonats | |
| ≥ 2 Jahre | • **Arbeitgeber § 622 II BGB** | |
| ≥ 2 Jahre | § 622 II Nr. 1 BGB: 1 Monat | |
| ≥ 5 Jahre | § 622 II Nr. 2 BGB: 2 Monate | |
| ≥ 8 Jahre | § 622 II Nr. 3 BGB: 3 Monate | |
| ≥ 10 Jahre | § 622 II Nr. 4 BGB: 4 Monate | |
| ≥ 12 Jahre | § 622 II Nr. 5 BGB: 5 Monate | |
| ≥ 15 Jahre | § 622 II Nr. 6 BGB: 6 Monate | |
| ≥ 20 Jahre | § 622 II Nr. 7 BGB: 7 Monate<br>**zum Ende eines Kalendermonats**<br>• **Arbeitnehmer § 622 VI BGB** | |
| ≤ 6 Monate | § 622 III BGB: 2 Wochen, wenn **vereinbarte Probezeit** | |
| je nach TV | § 622 IV BGB – Tarifvertrag | |

AV = Arbeitsverhältnis; TV = Tarifvertrag

## Vorschriften des Kündigungsschutzgesetzes

Die **arbeitgeberseitige ordentliche Kündigung** ist an besonders strenge Voraussetzungen geknüpft, wenn das **Kündigungsschutzgesetz** zur Anwendung kommt.

Der **sachliche Anwendungsbereich** des Gesetzes betrifft die arbeitgeberseitige Kündigung mit der Konsequenz, dass hierdurch die Kündigungsfreiheit des Arbeitgebers eingeschränkt wird. Diese Einschränkung resultiert aus dem arbeitsrechtlichen Schutzgedanken zugunsten des Arbeitnehmers

Die besonderen Vorschriften zur sozialen Rechtfertigung von Kündigungen von Arbeitsverhältnissen im 1. Abschnitt des Kündigungsschutzgesetzes finden nach § 23 Abs. 1 S. 3 KSchG Anwendung, wenn in der Regel **mehr als zehn Arbeitnehmer** im Betrieb beschäftigt werden. Bei der Berechnung der Anzahl der Beschäftigten sind Teilzeitbeschäftigte entsprechend ihrer **Teilzeitquote** nach § 23 Abs. 1 S. 4 KSchG zu berücksichtigen.

Durch diese sog. **Kleinbetriebsklausel** sollen kleinere Unternehmen weniger belastet und ihnen hierdurch mehr Flexibilität bei der Personalplanung ermöglicht werden.

**Exkurs**

Die Vorschrift des § 23 KSchG enthält zusätzlich Sonderreglungen hinsichtlich der Anzahl der Arbeitnehmer im Betrieb für Arbeitsverhältnisse, die vor der Gesetzesänderung im Jahr 2004 bestanden haben.

Der **persönliche Anwendungsbereich** des Kündigungsschutzgesetzes ist in dessen 1. Abschnitt geregelt. Nach § 1 Abs. 1 KSchG ist die Kündigung eines Arbeitsverhältnisses, das in einem Betrieb oder Unternehmen ohne Unterbrechung **länger als sechs Monate** bestanden hat, rechtsunwirksam, wenn die Kündigung sozial ungerechtfertigt ist.

Im Fall der Anwendbarkeit der Vorschriften des Kündigungsschutzgesetzes unterliegen Arbeitnehmer nach Ablauf der sechsmonatigen Wartezeit einem besonderen gesetzlichen Kündigungsschutz.

In der Fallbearbeitung ist daher bei Vorlage einer arbeitgeberseitigen Kündigung stets der sachliche und persönliche Anwendungsbereich des Kündigungsschutzgesetzes zu prüfen.

**Exkurs**

§ 14 KSchG regelt explizit, welche Personen vom Anwendungsbereich des Gesetzes ausgenommen sind.

Nach § 1 Abs. 2 KSchG ist eine Kündigung **sozial ungerechtfertigt,** wenn die Kündigung nicht durch **personenbedingte, verhaltensbedingte oder betriebsbedingte Gründe gerechtfertigt** ist. Ob diese Kündigungsgründe vorliegen, ist in jedem Einzelfall besonders zu prüfen.

Nach Rechtsprechung des Bundesarbeitsgerichts müssen für die arbeitgeberseitige Kündigung *Gründe vorliegen, welche die Kündigung einem objektiven, verständig urteilenden Arbeitgeber nach Abwägung der beiderseitigen Interessen als angemessen erscheinen lassen.*

Dabei soll die Kündigung eines Arbeitsverhältnisses das letzte Mittel **(ultima ratio)** darstellen. Die Anwendung dieses **Verhältnismäßigkeitsgrundsatzes** setzt voraus, dass dem

Arbeitgeber keine milderen Mittel als die Beendigung des Arbeitsverhältnisses mehr zur Verfügung stehen. Der Arbeitgeber muss deswegen im Vorfeld bereits alle Möglichkeiten ausgeschöpft haben und statt der Kündigung beispielsweise eine Weiterbeschäftigung auf einem anderen Arbeitsplatz in Betracht gezogen haben.

Liegt einer der drei gesetzlichen Kündigungsgründe nach § 1 Abs. 2 KSchG vor, so ist dann zusätzlich noch eine **Interessenabwägung** durchzuführen.

So entschied das Bundesarbeitsgericht, dass eine Kündigung nur dann gerechtfertigt sei, *wenn Umstände vorliegen, die sie bei verständiger Würdigung der Interessen der Vertragspartner und des Betriebes als angemessen und billigenswert erscheinen lassen.*

Jedoch ist zu beachten, dass eine Kündigung auch bei Vorliegen von Kündigungsgründen immer dann nach § 1 Abs. 2 S. 2, 3 KSchG unwirksam ist, wenn **absolute Gründe für die Sozialwidrigkeit** vorliegen.

**Prüfung KSchG kurz und knapp im Überblick**

- Liegen Kündigungsgründe vor (§ 1 I 1 KSchG) – ultima ratio?
- Interessenabwägung – Kündigung angemessen und billigenswert?
- Liegen absolute Gründe der Sozialwidrigkeit vor (§ 1 I 2 KSchG)?

## – Personenbedingte Kündigungsgründe –

Personenbedingte Kündigungsgründe liegen vor, wenn Gründe, die in der Person des Arbeitnehmers liegen, die Kündigung rechtfertigen.

Dabei sind die Gründe durch den Arbeitnehmer **nicht steuerbar** und er aus persönlichen Gründen nicht in der Lage, seine arbeitsvertraglichen Verpflichtungen ordnungsgemäß zu erfüllen.

> *Beispiel*
> *Folgende Gründe kommen für eine personenbedingte Kündigung in Betracht:*
>
> - *Langzeiterkrankung*
> - *Wiederholte Kurzerkrankungen*
> - *Reduzierte Leistungsfähigkeit infolge körperlicher Konstitution*
> - *Verlust der für die Ausübung des Berufs erforderlichen Fahrerlaubnis*
> - *Nichtbestehen einer für die Ausübung der Tätigkeit notwendigen Qualifizierungsmaßnahme*

Eine personenbedingte Kündigung kommt in der Praxis häufig im Zusammenhang mit der Krankheit des Arbeitnehmers in Betracht. Voraussetzung dafür, dass das Vorliegen eines die Kündigung rechtfertigenden Grundes bejaht werden kann, ist hierbei eine **negative Prognose** hinsichtlich des Wegfalls des persönlichen Grundes.

Eine solche negative Prognose liegt im Krankheitsfall vor, wenn bei Kurzerkrankungen eine Wiedererkrankung sehr wahrscheinlich oder eine Genesung bei Langezeiterkrankungen unwahrscheinlich erscheint.

Zusätzlich muss hierdurch eine erhebliche Beeinträchtigung der betrieblichen Interessen gegeben sein und eine Beschäftigung auf einem anderen Arbeitsplatz als milderes Mittel nicht in Betracht kommen.

*Beispiel*
*Ist dem Arbeitnehmer die Fahrerlaubnis infolge eines während einer Privatfahrt verursachten Umstandes vorübergehend entzogen worden, so beurteilt das Bundesarbeitsgericht eine Kündigung nur als sozial gerechtfertigt, wenn keine anderweitige Beschäftigungsmöglichkeit besteht, die das Innehaben der Fahrerlaubnis nicht voraussetzt.*

### – Verhaltensbedingte Kündigungsgründe –

Ein verhaltensbedingter Kündigungsgrund liegt vor, wenn der Arbeitnehmer **schuldhaft Vertragspflichten durch steuerbares Verhalten verletzt.**

*Beispiel*
*Folgende Gründe kommen für eine verhaltensbedingte Kündigung in Betracht:*

- *Wiederholte erhebliche Unpünktlichkeit*
- *Spesenbetrug*
- *Private unzulässige Internetnutzung*
- *Eigenmächtiges Fernbleiben vom Arbeitsplatz*
- *Falsches Erfassen der Arbeitszeit*
- *Störung des Betriebsfriedens*
- *Arbeitsverweigerung*
- *Verstoß gegen geltende innerbetriebliche Verhaltensregelungen*

Erforderlich ist hierbei, dass die schuldhafte Verletzung der Haupt- oder Nebenleistungspflichten nicht so schwerwiegend ist, dass der Anwendungsbereich für eine außerordentliche Kündigung wegen eines wichtigen Grundes aus § 626 BGB in Betracht kommt.

Entsprechend dem Verhältnismäßigkeitsgrundsatz soll dem Arbeitnehmer bei der personenbedingten Kündigung die Chance zur Besserung seines Verhaltens in der Zukunft ermöglicht werden. Da die Kündigung nur erfolgen soll, wenn kein milderes Mittel möglich ist, ist der Arbeitgeber verpflichtet, den Arbeitnehmer vor der Kündigung **abzumahnen.** Die Abmahnung soll bei Verletzungen im Vertrauensbereich dazu dienen, das Vertrauen wiederherzustellen, während im Leistungsbereich künftigen Pflichtverstößen vorgebeugt werden soll.

In der **Abmahnung** muss der Arbeitgeber das Fehlverhalten beschreiben, den Arbeitnehmer auf seine vertraglichen Pflichten hinweisen und für den Fall einer erneuten Pflichtverletzung die Kündigung androhen.

**Funktionen der Abmahnungen**

- Hinweis- und Dokumentationsfunktion
- Rügefunktion
- Warnfunktion

Die Abmahnung hat demzufolge in der Praxis erhebliche Bedeutung. Erfolgt aufgrund einer arbeitnehmerseitigen Störungshandlung keine Abmahnung, so kommt die irrige Auffassung des Arbeitnehmers in Betracht, der Arbeitgeber lege auf die Einhaltung des Arbeitsvertrags keinen Wert. So entschied das Bundesarbeitsgericht, dass bei einer ordnungsgemäßen Kündigungsandrohung in Form einer Abmahnung bei Wiederholung des beanstandeten Verhaltens durch den Arbeitnehmer davon auszugehen sei, dass mit weiteren Störungen zu rechnen sei.

**Exkurs**

Nur ausnahmsweise hält das Bundesarbeitsgericht eine Abmahnung für nicht erforderlich, wenn die Pflichtverletzung so schwerwiegend ist, dass dies für den Arbeitnehmer leicht erkennbar ist und eine Hinnahme für den Arbeitgeber offensichtlich ausgeschlossen ist.

In der Praxis ist daher in der Regel davon auszugehen, dass vor Ausspruch einer verhaltensbedingten Kündigung stets eine Abmahnung im Vorfeld zu erfolgen hat.

***Beispiel***

*Widersetzt sich der Arbeitnehmer wiederholt den Anweisungen des Arbeitgebers, so kommt eine verhaltensbedingte Kündigung nach erfolgter Abmahnung in Betracht.*

*In der Praxis ist jeweils im Einzelfall abzuwägen, inwieweit das vom Arbeitnehmer steuerbare Verhalten ggf. bereits für eine Kündigung aus wichtigem Grund nach § 626 BGB ausreichen könnte.*

### – Betriebsbedingte Kündigungsgründe –

Eine betriebsbedingte Kündigung kann seitens des Arbeitgebers ausgesprochen werden, wenn diese durch dringende betriebliche Erfordernisse bedingt ist, die einer Weiterbeschäftigung des Arbeitnehmers in dem Betrieb entgegenstehen.

*Beispiel*

*Folgende Gründe kommen für eine betriebsbedingte Kündigung in Betracht:*

- *Auftragsrückgang*
- *Betriebsstilllegung*
- *Umstrukturierungsmaßnahmen*
- *Strategische Neuausrichtung*

Die betrieblichen Erfordernisse können dann eine Kündigung rechtfertigen, wenn die tatsächliche Entwicklung in dem Betrieb zu einem Wegfall von Arbeitsplätzen führt. Hierbei können **außer- oder innerbetriebliche Umstände** ursächlich sein.

Erforderlich für einen Wegfall des Arbeitsplatzes ist eine **unternehmerische Entscheidung,** wie beispielsweise, einen Betrieb infolge Umstrukturierungsmaßnahmen stillzulegen oder die Reduzierung von Arbeitsplätzen aufgrund fehlender Beschäftigungsmöglichkeiten durch Auftragsrückgänge. Dabei ist es erforderlich, dass die Beschäftigung dauerhaft – und nicht nur vorübergehend – nicht in Betracht kommt.

**Exkurs**

Gerichtlich ist eine solche unternehmerische Entscheidung dahingehend überprüfbar, ob die dargelegten inner- oder außerbetrieblichen Gründe vorliegen und Auswirkungen auf die Arbeitsplatzsituation haben.

Die Gerichte überprüfen jedoch nicht, ob die Entscheidung zweckmäßig ist, es sei denn, diese ist willkürlich.

*Beispiel*

*Der Arbeitgeber ist in seiner unternehmerischen Entscheidung frei, den betrieblichen Standort zu wählen. So nahm das Bundesarbeitsgericht den Wegfall von Arbeitslätzen an, als ein Teil der Produktion ins Ausland verlegt wurde.*

*Bei allen betriebsbedingten Kündigungen ist bei Vorliegen eines dringenden betrieblichen Erfordernisses, welches der Weiterbeschäftigung des Arbeitnehmers entgegensteht, eine Sozialauswahl nach § 1 Abs. 3 KSchG durchzuführen*

Aufgrund des **Verhältnismäßigkeitsgrundsatzes** muss die Kündigung ein geeignetes Mittel als Reaktion auf die betrieblichen Erfordernisse darstellen.

Eine betriebsbedingte Kündigung ist daher nicht gerechtfertigt, wenn eine Beschäftigung auf einem vergleichbaren Arbeitsplatz möglich ist. Dies ist selbst dann zu bejahen, wenn der betreffende Arbeitnehmer zunächst Fortbildungs- oder Weiterbildungsmaßnahmen besuchen müsste.

Nach § 1 Abs. 2 KSchG ist das Vorliegen eines **dringenden** betrieblichen Erfordernisses notwendig. Dies ist bei der Prüfung der Vermeidbarkeit der Kündigung – etwa durch andere mögliche Umstrukturierungsmaßnahmen – zu berücksichtigen.

Zusätzlich ist nach § 1 Abs. 3 KSchG im Falle einer betriebsbedingten Kündigung eine **Sozialauswahl** durchzuführen. Hiernach ist die Kündigung eines Arbeitnehmers trotz Vorliegens dringender betrieblicher Erfordernisse sozial ungerechtfertigt, wenn der Arbeitgeber bei der Auswahl des Arbeitnehmers soziale Aspekte nicht berücksichtigt hat.

Zwischen mehreren vergleichbaren Arbeitnehmern ist nach § 1 Abs. 3 KSchG derjenige auszuwählen, den der Arbeitsverlust am wenigsten trifft. Folgende Kriterien sind bei der Auswahl zu berücksichtigen:

- Dauer der Betriebszugehörigkeit
- Lebensalter
- Art/Umfang Unterhaltspflichten
- Schwerbehinderung

### – Interessenabwägung –

Liegen Gründe im Sinne des § 1 Abs. 2 KSchG für eine Kündigung des Arbeitsverhältnisses vor, so ist zusätzlich eine Interessenabwägung vorzunehmen. Hierbei sind die Interessen des Arbeitnehmers am Fortbestand des Arbeitsverhältnisses und das Interesse des Arbeitgebers an der Beendigung des Arbeitsverhältnisses gegeneinander abzuwägen.

**Exkurs**

Besonderheiten gelten, wenn im Betrieb ein Betriebsrat existiert, der im Falle einer Kündigung nach § 102 BetrVG zu beteiligen ist.

Wird die Kündigung eines Arbeitsverhältnisses in der Praxis in Betracht gezogen oder ist die Wirksamkeit der Kündigung eines Arbeitsverhältnisses Gegenstand einer Prüfungsfrage, so bedarf es der Beachtung einer Vielzahl verschiedener Aspekte, die im Folgenden mittels einer Checkliste dargestellt werden sollen.

*Checkliste*
*Prüfungsschema Kündigung*

| **Vorschrift** | **Regelung** | ✓ |
|---|---|---|
| BGB AT | Willenserklärung – Kündigung | |
| § 623 BGB | Schriftform | |
| § 102 BetrVG | Anhörung des Betriebsrats | |
| *Arbeitsgesetze* | *Besonderer Kündigungsschutz?* | |
| *KSchG* | *Besonderer Kündigungsschutz?* | |
| § 23 KSchG | Sachlicher Anwendungsbereich | |
| § 1 I KSchG | Persönlicher Anwendungsbereich | |
| § 1 II 1 KSchG<br><br><br><br><br><br><br>§ 1 II<br>2, 3 KSchG | *Soziale Rechtfertigung?*<br>• *Kündigungsgründe?*<br>→ personenbedingt<br>→ verhaltensbedingt<br>→ betriebsbedingt (§ 1 III KSchG)<br>• *Interessenabwägung*<br>*Absolute Sozialwidrigkeit* | |
| § 134 BGB<br>§ 138 BGB<br>§ 242 BGB | Allgemeine Unwirksamkeitsgründe | |
| § 622 BGB | Kündigungsfrist | |

## *Außerordentliche Kündigung*

Neben der ordentlichen Kündigung können beide Vertragsparteien das Arbeitsverhältnis ausnahmsweise auch außerordentlich kündigen.

Voraussetzung ist dafür das Vorliegen eines **wichtigen Grundes** nach § 626 Abs. 1 BGB. Dies ist zu bejahen, wenn Tatsachen vorliegen, aufgrund derer dem Kündigenden – unter Berücksichtigung aller Umstände des Einzelfalls und bei Abwägung der Interessen beider Vertragsteile – die Fortsetzung des Arbeitsverhältnisses nicht bis zu dessen anderweitiger Beendigung zugemutet werden kann.

In Betracht kommen bei der arbeitgeberseitigen außerordentlichen Kündigung sowohl personenbedingte, verhaltensbedingte oder betriebsbedingte Gründe als auch objektive Gründe, wie etwa von außen wirkende Geschehensabläufe, wie z. B. behördliche Stilllegungen oder Zerstörung der Betriebsstätte infolge eines Brandes.

Zusätzlich ist auch bei der außerordentlichen Kündigung eine **Interessenabwägung** durchzuführen.

> ***Beispiel***
> *Nach Auffassung des Bundesarbeitsgerichts ist ein erwiesener Spesenbetrug selbst dann als Grund zur fristlosen Entlassung ausreichend, wenn es sich um einen einmaligen Vorfall und um einen geringen Betrag handelt.*
>
> *Ebenso wird ein Arbeitszeitbetrug nach der ständigen Rechtsprechung des Bundesarbeitsgerichts als wichtiger Grund im Sinne des § 626 BGB angesehen.*

Liegen die Voraussetzungen für eine außerordentliche Kündigung vor, so ist die **zweiwöchige Frist** für die Erklärung der Kündigung nach § 626 Abs. 2 BGB einzuhalten. Diese Frist beginnt jedoch erst zu laufen, wenn vollständige und sichere Kenntnis hinsichtlich der die Kündigung auslösenden Umstände seitens des Kündigenden besteht.

*Checkliste*
*Prüfungsschema außerordentliche Kündigung*

| **Vorschrift** | **Regelung** | ✓ |
|---|---|---|
| § 626 I BGB | Wichtiger Grund | |
| § 626 II BGB | 2-Wochen-Frist | |

## Sonstige Beendigungsgründe

In Betracht kommen weitere Beendigungsgründe, wie z. B. die Änderungskündigung und weitere Sonderfälle, die rechtlich einzuordnen sind.

### Änderungskündigung

Der Arbeitgeber hat die Möglichkeit, statt einer Beendigungskündigung eine **Änderungskündigung** nach § 2 KSchG gegenüber dem Arbeitnehmer auszusprechen.

Die Änderungskündigung kann in Form einer ordentlichen oder außerordentlichen Kündigung erfolgen. Diese enthält ein Angebot zur Fortsetzung des Arbeitsverhältnisses verbunden mit einer Änderung der Arbeitsbedingungen. Die Erklärung und das Änderungsangebot bedürfen zu ihrer Wirksamkeit der Schriftform nach § 623 BGB.

Dem Arbeitnehmer stehen verschiedene Optionen zur Verfügung, auf die mit dem Angebot verbundene Kündigung zu reagieren. Er kann die Kündigung annehmen, sich gegen die Kündigung wenden oder diese unter Vorbehalt annehmen.

Die Wirksamkeit einer Änderungskündigung setzt das Vorliegen eines personenbedingten, verhaltensbedingten oder betriebsbedingten Kündigungsgrundes voraus. Zusätzlich ist eine Interessenabwägung vorzunehmen und der Verhältnismäßigkeitsgrundsatz zu beachten.

> ***Beispiel***
> *Die Arbeitgeberin U hat ihren Arbeitnehmern jahrelang vorbehaltlos Weihnachtsgeld gezahlt, sodass diese einen Zahlungsanspruch aus betrieblicher Übung erlangt haben. U will aufgrund wirtschaftlicher Schwierigkeiten diese regelmäßige Zahlung einstellen.*
>
> *U kann eine einvernehmliche Einigung mit jedem Arbeitnehmer anstreben oder Änderungskündigungen unter Wegfall der Weihnachtsgeldzahlung und Beibehaltung der übrigen bisher bestehenden Vertragsbedingungen aussprechen.*

Prozessual ist die Kündigungsschutzklage des Arbeitnehmers gegen eine Änderungskündigung nach § 4 S. 2 KSchG i. V. m. § 2 S. 2 KSchG darauf zu richten, dass die Änderung der Arbeitsbedingungen sozial ungerechtfertigt oder aus anderen Gründen rechtswidrig ist.

Im Falle der Feststellung des Arbeitsgerichts, dass die Änderungskündigung sozial ungerechtfertigt ist, gilt diese nach § 8 KSchG als von Anfang an rechtsunwirksam. Bei Klageabweisung wird das Arbeitsverhältnis zu den geänderten Bedingungen fortgesetzt.

### Sonderfälle

Da die Arbeitsleistung nach § 613 BGB im Zweifel nicht übertragbar ist, endet das Arbeitsverhältnis mit dem **Tod des Arbeitnehmers.**

Im Gegensatz dazu führt der **Tod des Arbeitgebers** jedoch nicht zur Beendigung des Arbeitsverhältnisses, da dieses kraft Gesetzes nach § 1922 BGB auf die Erben des verstorbenen Arbeitgebers übergeht und unverändert fortbesteht.

Die **Insolvenz des Arbeitgebers** führt nach § 113 InsO nicht automatisch zur Beendigung des Arbeitsverhältnisses.

Stellt der Arbeitgeber den Arbeitnehmer von seiner Leistungspflicht frei, so ist er weiterhin zur Vergütung verpflichtet und die **Freistellung** führt nicht zu einer Beendigung des Arbeitsverhältnisses.

Auch eine **Betriebsschließung** führt nicht zu einer Beendigung des Arbeitsverhältnisses. Es bedarf einer betriebsbedingten Kündigung oder des Abschlusses einer einvernehmlichen Aufhebungsvereinbarung.

## Besonderheiten beim Betriebsübergang

Besonderheiten gelten im Fall eines Betriebsübergangs nach § 613a BGB. Der Arbeitnehmer soll keine Nachteile erleiden, wenn ein Betrieb oder Betriebsteil durch Rechtsgeschäft auf einen anderen Inhaber übergeht und der Erwerber den Betrieb oder Betriebsteil fortführt.

Aus diesem Grund regelt § 613a BGB detailliert die **Rechtsfolgen eines solchen Betriebsübergangs.** Hiernach gehen die Arbeitsverhältnisse auf den neuen Betriebsinhaber über. **Nach § 613a Abs. 1 S. 1 BGB tritt der Erwerber in**

**die Rechte und Pflichten des Arbeitsvertrags ein, die im Zeitpunkt des Übergangs bestehen.**

Gemäß § 613a Abs. 1 S. 2 werden außerdem **Rechte und Pflichten, die durch einen Tarifvertrag oder eine Betriebsvereinbarung geregelt sind, Inhalt des Arbeitsverhältnisses** zwischen dem neuen Inhaber und dem Arbeitnehmer und dürfen nicht vor Ablauf eines Jahres nach dem Zeitpunkt des Übergangs zum Nachteil des Arbeitnehmers geändert werden.

Die besondere **gesamtschuldnerische Haftung des Veräußerers und des Erwerbers** regelt § 613a Abs. 2 BGB.

Der Arbeitnehmer hat jedoch grundsätzlich nach § 613a Abs. 6 BGB die Möglichkeit, aufgrund der ihm zustehenden Vertragsfreiheit dem Übergang seines Arbeitsverhältnisses auf den Erwerber zu **widersprechen.**

Damit der Arbeitnehmer eine fundierte Entscheidung hinsichtlich eines Widerspruchs treffen kann, sind die von einem Betriebsübergang betroffenen Arbeitnehmer nach § 613a Abs. 5 BGB in Textform zu **unterrichten.**

Die Unterrichtung nach § 613a Abs. 5 BGB betrifft folgende Aspekte:

- Zeitpunkt / geplanten Zeitpunkt des Übergangs
- Grund für den Übergang
- rechtliche / wirtschaftliche / soziale Folgen des Übergangs für die Arbeitnehmer
- die hinsichtlich der Arbeitnehmer in Aussicht genommenen Maßnahmen

Erfolgt keine oder keine ordnungsgemäße Unterrichtung, so wird die einmonatige Widerspruchsfrist nicht in Gang gesetzt.

### *Beispiel*

*A ist als Arbeitnehmer im einzigen Betrieb seines Arbeitgebers U tätig. U verkauft diesen Betrieb an K. Nachdem die Arbeitnehmer des Betriebs ordnungsgemäß unterrichtet wurden, widerspricht A fristgerecht dem Übergang seines Arbeitsverhältnisses auf K.*

*Infolgedessen geht das Arbeitsverhältnis des A nicht auf K über. Laut Sachverhalt handelt es sich um den einzigen Betrieb des U. Mangels Beschäftigungsmöglichkeit wird U wahrscheinlich gegenüber A eine betriebsbedingte Kündigung aussprechen. Eine Kündigungsschutzklage des A gegen die Kündigung dürfte keine Aussicht auf Erfolg haben. Denn U kann dem A – mangels Vorhandensein eines Betriebs – keine Beschäftigung anbieten.*

*Die Ausübung des Widerspruchrechts seitens des Arbeitnehmers sollte daher gut überlegt sein.*

## Individualarbeitsrecht – kurz und knapp

Das Individualarbeitsrecht besteht aus einer Vielzahl unterschiedlicher Regelungen, die dem besonderen individuellen **Schutz des Arbeitnehmers** dienen.

- Es bedarf stets einer **Auslegung der vertraglichen Regelungen** und einer Beurteilung der **Gesamtumstände,** ob ein Arbeitsverhältnis überhaupt vorliegt.
- Bereits die **Begründung des Arbeitsverhältnisses** hat unter Berücksichtigung der arbeitsrechtlichen Besonderheiten rechtskonform zu erfolgen.
- Entscheidend für die rechtliche Beurteilung, ob der Abschluss eines **Arbeitsvertrags nach §611a BGB** zu bejahen ist, ist, ob die **Arbeitnehmereigenschaft** des Dienstverpflichteten gegeben ist und dadurch der Dienstberechtigte die Arbeitgeberstellung inne hat.
- Während des Bestands des Arbeitsverhältnisses richtet sich dessen **Inhalt** nach den allgemeinen Vorschriften des BGB und denen, die allgemeinen Vorschriften ergänzenden und verdrängenden **speziellen arbeitsrechtlichen Regelungen.**
- Die **Beendigung des Arbeitsverhältnisses** kann **einvernehmlich** oder **einseitig** erfolgen. Die arbeitgeberseitige Kündigung wird durch spezielle Arbeitsgesetze und das **Kündigungsschutzgesetz** besonders eingeschränkt.
- Arbeitgeberseitige Kündigungen unterliegen mittels arbeitnehmerseitiger fristgerechter **Kündigungsschutzklage** der gerichtlichen Überprüfung.

## Kollektives Arbeitsrecht

Obgleich auch das kollektive Arbeitsrecht dem Schutz der Arbeitnehmer dient, unterscheidet sich dieses dennoch vom Individualarbeitsrecht hinsichtlich Struktur und Regelungsgehalt.

Während das Individualarbeitsrecht dem Schutz des individuellen Arbeitnehmers dient, erfasst das Kollektivarbeitsrecht die Bereiche des Arbeitsrechts, in denen die **Arbeitnehmer als Kollektiv** – und nicht als Individuum – ihrem Arbeitgeber und dessen Interessenvertretern (den Arbeitgeberverbänden) gegenüberstehen.

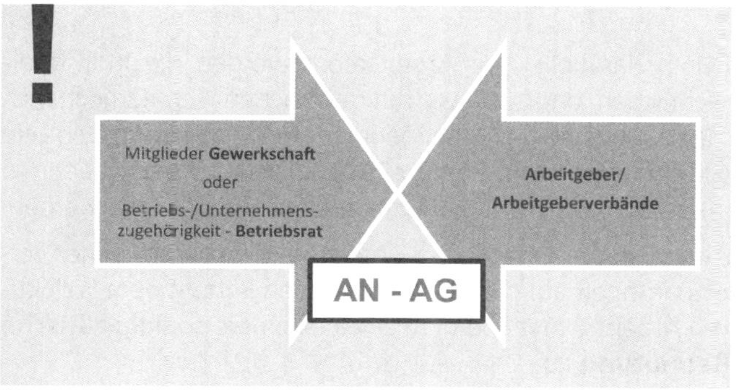


Indem die Arbeitnehmer im kollektiven Arbeitsrecht als Gruppe repräsentiert werden, soll das Arbeitsleben sinnvoll im Interesse der Arbeitnehmer gestaltet werden. Die in der Natur des Arbeitsverhältnisses begründete strukturelle Unterlegenheit der Arbeitnehmer soll dadurch relativiert und kompensiert werden.

Das kollektive Arbeitsrecht umfasst …

- das Mitbestimmungsrecht auf Betriebsebene
- das Koalitionsrecht
- das Tarifvertragsrecht
- das Arbeitskampfrecht – einschließlich des Schlichtungswesens

**Exkurs**

Das Mitbestimmungsrecht auf **Unternehmensebene** ist dem Gesellschaftsrecht zuzuordnen.

Gesellschaftsrechtliche Regelungen dazu finden sich im Drittelbeteiligungsgesetz, im Mitbestimmungsgesetz und im Montan-Mitbestimmungsgesetz.

Durch das kollektive Arbeitsrecht werden die individualrechtlichen und arbeitsschutzrechtlichen Schutzmechanismen zugunsten der Arbeitnehmer ergänzt. Hierdurch soll ein Gleichgewicht und damit ein Ausgleich der verschiedenen Interessen und Positionen der Beteiligten hergestellt werden.

Aufgrund des erheblichen Einflusses kollektivrechtlicher Vereinbarungen auf das Wirtschaftsleben kommt dem kollektiven Arbeitsrecht außerdem eine besondere **sozialpolitische Bedeutung** zu.

Durch die kollektivrechtlichen Regelungen schafft der Gesetzgeber die Rahmenvorschriften, deren konkrete Ausgestaltung sodann durch die Betroffenen erfolgt.

Im Bereich des **Betriebsverfassungsrechts** können sich entsprechend dieser Rahmenvorschriften der **Betriebsrat,** als Interessenvertretung der Arbeitnehmer, mittels Betriebsvereinbarungen mit dem Arbeitgeber über die konkrete Ausgestaltung der Arbeitsbedingungen einigen.

Das Betriebsverfassungsgesetz (BetrVG) regelt u.a. die Errichtung von Betriebsräten in § 1 BetrVG. Detaillierte Regelungen zu Vereinbarungen zwischen Arbeitgeber und Betriebsrat enthält § 77 BetrVG.

Im **Tarifvertragsrecht** besteht Gestaltungsmöglichkeit durch den Abschluss von Tarifverträgen zwischen **Gewerkschaften** und **Arbeitgebern oder Arbeitgeberverbänden,** durch welche die Ausgestaltung des Arbeitsverhältnisses erheblich beeinflusst wird.

Im Tarifvertragsgesetz (TVG) sind in § 1 TVG die Tarifvertragsparteien definiert und welche Beteiligten nach § 3 TVG tarifgebunden sind.

Die Anwendbarkeit des kollektiven Arbeitsrechts und die konkrete Umsetzung der Vorschriften in der Praxis hängt von verschiedenen Umständen ab. Im Folgenden soll ein kurzer Überblick über die wesentlichen rechtlichen Aspekte des Betriebsverfassungsrechts und des Tarifvertragsrechts gegeben werden.

## Betriebsverfassungsrecht

Die Regelungen zur betrieblichen Mitbestimmung der Arbeitnehmer befinden sich im Betriebsverfassungsgesetz (BetrVG). Hierin wird die Gründung von Betriebsräten und deren Mitbestimmung in Betrieben detailliert geregelt.

Anknüpfungspunkt für die **betriebliche Mitbestimmung** sind der **Betrieb** – als arbeitstechnische Einheit – und Fragen, die das betriebliche Alltagsgeschehen betreffen.

Im Gegensatz zur betrieblichen Mitbestimmung ist Gegenstand der **unternehmerischen Mitbestimmung** das **Unternehmen** als rechtliche Einheit und diese Mitbestimmungsform damit dem Gesellschaftsrecht zuzuordnen. Dort sind die Beteiligungsrechte in Bezug auf wirtschaftliche und unternehmerische Grundsatzentscheidungen geregelt.

**Räumlich** ist das Betriebsverfassungsgesetz aufgrund des geltenden Territorialprinzips – unabhängig von der Staatsangehörigkeit der einzelnen Arbeitnehmer – auf in Deutschland liegende Betriebe anzuwenden.

**Exkurs**

Durch das Gesetz zur Förderung der Betriebsratswahlen und der Betriebsratsarbeit in einer digitalen Arbeitswelt (Betriebsrätemodernisierungsgesetz) wurden 2021 zahlreiche Änderungen im Betriebsverfassungsgesetz vorgenommen.

## Sachlicher Anwendungsbereich

Voraussetzung für den Anwendungsbereich des Betriebsverfassungsgesetzes ist, dass überhaupt ein **Betrieb** mit in der Regel fünf ständig wahlberechtigten Arbeitnehmern, von denen drei wählbar sind, vorliegt.

Der Betriebsbegriff ist im Gesetz selbst nicht definiert. Insofern ist auf die Rechtsprechung und Literatur zurückzugreifen.

Entscheidend beim Betriebsbegriff ist, dass eine **Organisationseinheit** vorhanden ist, die unter einer einheitlichen Leitung betrieben wird. Entscheidungen sollen nach der Intention des Gesetzes dort getroffen werden, wo die Arbeitsleistung auch tatsächlich erbracht wird. Die Interessen der Arbeitnehmer sollen in dieser Organisationseinheit durch das von ihnen gewählte Organ – den Betriebsrat – vertreten und durchgesetzt werden.

### *Definition*

*Ein **Betrieb** ist eine Organisationseinheit, innerhalb der ein Arbeitgeber mit seinen Arbeitnehmern unter Einsatz von sächlichen und immateriellen Mitteln bestimmte arbeitstechnische Zwecke verfolgt.*

Das Betriebsverfassungsgesetz enthält in § 1 Abs. 1 S. 2 und Abs. 2 BetrVG Regelungen gemeinsame Betriebe mehrerer Unternehmen betreffend. § 4 BetrVG enthält Regelungen zu Betriebsteilen und Kleinstbetrieben.

### *Beispiel*

*Werden Filialen im Lebensmittelhandel oder im Bankgewerbe zentral gelenkt, so sind diese häufig als Betriebsteile eines einheitlichen Betriebs anzusehen. Sie sind damit betriebsverfassungsrechtlich dem Hauptbetrieb zuzuordnen. Nur unter den im Einzelfall zu prüfenden engen Voraussetzungen des § 4 Abs. 1 BetrVG sind diese als selbständige Betriebe zu qualifizieren.*

## Persönlicher Anwendungsbereich

Das Betriebsverfassungsgesetz ist auf **Arbeitnehmer** anwendbar. Der Arbeitnehmerbegriff ist in **§ 5 BetrVG** detailliert geregelt und nimmt in dessen Absatz 2 einige Personen explizit vom persönlichen Anwendungsbereich des Gesetzes aus.

> ***Beispiel***
> *So gelten nach § 5 Abs. 2 Nr. 5 BetrVG Ehegatten, Lebenspartner, Verwandte und Verschwägerte ersten Grades, die in häuslicher Gemeinschaft mit dem Arbeitgeber leben, nicht als Arbeitnehmer im Sinne des Betriebsverfassungsgesetzes.*
>
> *Grund hierfür ist ein potentieller Interessenkonflikt aufgrund der persönlichen Nähe zum Arbeitgeber.*

Das Betriebsverfassungsgesetz findet auf **leitende Angestellte** nach § 5 Abs. 3 BetrVG keine Anwendung, soweit nicht ausdrücklich etwas anderes bestimmt ist. Denn leitende Angestellte sind zwar Arbeitnehmer im Verhältnis zum Arbeitgeber. Dennoch üben diese aufgrund ihrer Stellung Funktionen aus, die mit dem Aufgabenbereich eines Arbeitgebers vergleichbar sind. Diese besondere Position ist jedoch mit der Wahl des Betriebsrats – auch nach Auffassung des Bundesarbeitsgerichts – unvereinbar.

> **Exkurs**
>
> Regelungen zur Mitbestimmung für **leitende Angestellte** finden sich im Sprecherausschussgesetz (SprAuG).
>
> Regelungen die Mitbestimmung der Beschäftigen des **öffentlichen Dienstes** betreffend finden sich auf Bundes- und Landesebene in den Personalvertretungsgesetzen (BPersVG / LPersVG).

## Betriebsrat

Der Betriebsrat repräsentiert als gewähltes Organ die Belegschaft eines Betriebs. Dem Betriebsrat werden nach den Vorschriften des Betriebsverfassungsgesetzes Aufgaben und Rechte zuteil.

### *Wahl des Betriebsrats*

Voraussetzung dafür, dass in einem Betrieb überhaupt ein Betriebsrat existiert, ist die vorausgegangene **Wahl** durch die Arbeitnehmer des Betriebs. Die Wahlen finden nach § 13 Abs. 1 BetrVG regelmäßig alle vier Jahre statt, es sei denn, es liegt eine Ausnahme nach § 13 Abs. 2 BetrVG vor. Dies steht im Einklang mit der regelmäßigen vierjährigen Amtszeit des Betriebsrats.

Hierbei ist zu beachten, dass entgegen des Wortlauts des § 1 Abs. 1 BetrVG **keine Pflicht zur Wahl** eines Betriebsrats existiert. Dies ergibt sich mittelbar aus § 17 Abs. 1 BetrVG, in dem geregelt wird, was geschieht, wenn in einem Betrieb, der die Voraussetzungen des § 1 Abs. 1 S. 1 BetrVG erfüllt, kein Betriebsrat besteht.

Es besteht keine Pflicht, einen Betriebsrat zu wählen. Den Arbeitnehmern eines Betriebs steht es frei, ob sie von ihrem Recht Gebrauch machen, einen Betriebsrat zu wählen.

**Wahlberechtigt** sind nach § 7 BetrVG seit der Senkung des Wahlalters im Jahr 2021 alle Arbeitnehmer, die das 16. Lebensjahr vollendet haben.

Die **Wählbarkeit** eines Arbeitnehmers setzt nach § 8 BetrVG neben der Wahlberechtigung das Vorliegen zusätzlicher dort aufgeführter Anforderungen voraus.

Sinkt die Anzahl der wahlberechtigen oder wählbaren Arbeitnehmer nur **vorübergehend,** so hat dies jedoch keinen Einfluss auf die Betriebsratsfähigkeit eines Betriebs.

Das Wahlverfahren ist detailliert im 1. Abschnitt des 2. Teils des Betriebsverfassungsgesetzes geregelt.

## *Aufgaben des Betriebsrats*

Das Betriebsverfassungsgesetz regelt die verschiedenen Aufgabenbereiche des Betriebsrats und inwieweit dem Betriebsrat **Beteiligungsrechte** in den verschiedenen Aufgabenbereichen zustehen.

Die Beteiligungsrechte des Betriebsrats beziehen sich auf **allgemeine, soziale, personelle und wirtschaftliche Angelegenheiten** und die **Gestaltung von Arbeitsplatz, Arbeitsablauf und Arbeitsumgebung.**

Die Aufgaben des Betriebsrats beziehen sich auf folgende Bereiche:

- Allgemeine Angelegenheiten (§ 80 BetrVG)
- Soziale Angelegenheiten (§§ 87 ff. BetrVG)
- Gestaltung von Arbeitsplatz, Arbeitsablauf und Arbeitsumgebung (§§ 90 f. BetrVG)
- Personelle Angelegenheiten (§§ 92 ff. BetrVG)
- Wirtschaftliche Angelegenheiten (§§ 106 ff. BetrVG).

## *Rechte des Betriebsrats*

Damit der Betriebsrat die Interessen der Arbeitnehmer gegenüber dem Arbeitgeber als Betriebsinhaber wirksam vertreten kann, stehen dem Betriebsrat gesetzliche **Beteiligungsrechte** zu.

Korrespondierend zu seinen Aufgaben sind diese **Mitbestimmungs- und Mitwirkungsrechte** unterschiedlich stark hinsichtlich ihrer Intensität ausgeprägt.

Im Fall eines gesetzlichen erzwingbaren Mitbestimmungsrechts – sog. **echte Mitbestimmung** – stehen sich Arbeitgeber und Betriebsrat **gleichberechtigt** gegenüber und die jeweilige Maßnahme kann durch den Arbeitgeber nur im einvernehmlichen Zusammenwirken mit dem Betriebsrat getroffen werden. Dieses Recht umfasst auch ein **Initiativrecht** des Betriebsrats.

Im Gegensatz zu dieser „echten Mitbestimmung" stehen dem Betriebsrat in einigen Bereichen wesentlich schwächer ausgestaltete Mitwirkungsrechte in Form von **Zustimmungsverweigerungsrechten, Informationsrechten** oder **Beteiligungsrechten** durch **Vorschlags-, Anhörungs- und Beratungsrechte** zu.

Dem Betriebsrat stehen verschieden stark ausgeprägte Beteiligungsrechte zu:

- „Echte" Mitbestimmung (z. B. § 87 BetrVG)
- Zustimmungsverweigerung (z. B. § 99 BetrVG)
- Widerspruchsrecht (z. B. §§ 98, 102 BetrVG)
- Beratungsrecht (z. B. §§ 74, 111 BetrVG)
- Anhörungsrecht (z. B. §§ 80, 102 BetrVG)
- Unterrichtungsrecht (z. B. §§ 99, 105 BetrVG)

(–) … Intensität … (+)

Grundsätzlich sollen der Betriebsrat und der Arbeitgeber **vertrauensvoll zusammenarbeiten.** Hierzu sollen die beiden Parteien nach § 74 Abs. 1 BetrVG regelmäßig zu Besprechungen zusammenkommen und über strittige Fragen mit dem ernsten Willen zur Einigung verhandeln.

Der Betriebsrat kann mit dem Arbeitgeber Vereinbarungen mittels Regelungsabreden oder Betriebsvereinbarungen treffen.

### *Definition*

***Regelungsabreden*** *sind formlose Absprachen zwischen Betriebsrat und Arbeitgeber, die zwischen den Parteien gelten und keine Rechte und Pflichten im Verhältnis zu den Arbeitnehmern begründen.*

### *Beispiel*

*Häufig betreffen die Regelungsabreden organisatorische Dinge, wie der Internetzugang oder die Sprechzeiten des Betriebsrats für die Belegschaft o. ä..*

## Betriebsvereinbarungen

Betriebsvereinbarungen können unter Einhaltung der gesetzlichen Form nach § 77 Abs. 2 BetrVG zwischen Arbeitgeber und Betriebsrat vereinbart werden oder auf einem Spruch der Einigungsstelle nach § 76 BetrVG beruhen.

### Definition

***Betriebsvereinbarungen** sind nach § 77 Abs. 4 BetrVG privatrechtliche Normenverträge, die unmittelbar und zwingend Rechte und Pflichten zwischen dem Arbeitgeber und den Arbeitnehmern begründen.*

*Aufgrund des auch hier geltenden Günstigkeitsprinzips bleiben günstigere abweichende vertragliche Reglungen von Regelungen in Betriebsvereinbarungen unberührt.*

Betriebsvereinbarungen gelten **räumlich** für den Betrieb, für den sie abgeschlossen wurden. Der **persönliche** Geltungsbereich umfasst alle Arbeitnehmer des Betriebs nach § 5 BetrVG.

> ### Beispiel
> *Eine Betriebsvereinbarung kann die Einführung der Arbeit im Homeoffice betreffen.*
>
> *Hierbei sind unter Berücksichtigung des § 75 Abs. 1, 2 BetrVG jedoch die Rechte der Arbeitnehmer auf Einhaltung deren Privatsphäre besonders zu berücksichtigen.*

Die Parteien können neben Bereichen der erzwingbaren Mitbestimmung nach § 87 BetrVG auch freiwillige Betriebsvereinbarungen nach § 88 BetrVG abschließen.

**Exkurs**

**Verhältnis Betriebsvereinbarungen – Tarifverträge:**

- **Günstigkeitsprinzip nach § 4 Abs. 3 TVG**
  Ein anwendbarer – eigentlich ranghöherer – Tarifvertrag wird durch günstigere Reglungen einer Betriebsvereinbarung verdrängt.
- **Aber: Prinzip des Tarifvorrangs § 77 Abs. 3 BetrVG**
  Keine Betriebsvereinbarung, wenn die Arbeitsbedingungen tariflich geregelt oder üblicherweise tariflich geregelt sind.
- **Ausnahmen:**
  → Tariföffnungsklausel § 77 Abs. 3 S. 2 BetrVG
  → Erzwingbares Mitbestimmungsrecht nach § 87 Abs. 1 BetrVG geht als lex specialis vor

## Sonstige Betriebsverfassungsorgane

Neben den umfassenden Regelungen zum Betriebsrat finden sich im Betriebsverfassungsgesetz Vorschriften zu weiteren Organen des Betriebsverfassungsrechts. Die verschiedenen Organe sind im Betriebsverfassungsgesetz näher beschrieben und deren unterschiedliche Aufgabenbereiche definiert.

Organe des Betriebsverfassungsgesetzes sind:

- Betriebsversammlung (§§ 42 ff. BetrVG)
- Gesamtbetriebsrat (§§ 47 ff. BetrVG)
- Konzernbetriebsrat (§§ 54 ff. BetrVG)
- Jugend- und Auszubildendenvertretung (§§ 60 ff. BetrVG)
- Wirtschaftsausschuss (§§ 106 ff. BetrVG)
- Schwerbehindertenvertretung (§ 32 BetrVG iVm § 178 Abs. 4 SGB IX)
- Einigungsstelle (§ 76 Abs. 1 BetrVG)

## Tarifvertragsrecht

Das Tarifvertragsrecht hat im Arbeitsrecht erhebliche Bedeutung neben dem Arbeitsvertragsrecht. Durch viele verschiedene branchenspezifische Tarifverträge werden zahlreiche Arbeitsverhältnisse in Deutschland maßgeblich geregelt. Es handelt sich daher um eine wesentliche Rechtsquelle, vorausgesetzt eine Tarifbindung besteht.

### Tarifvertragsparteien

Die Tarifvertragsparteien können unter Beachtung der Vorschriften des Tarifvertragsgesetzes (TVG) Tarifverträge abschließen.

Die Vereinigungsfreiheit wird durch das Grundgesetz in Art. 9 Abs. 3 GG besonders geschützt. Nach § 2 TVG sind

Tarifvertragsparteien Gewerkschaften, einzelne Arbeitgeber sowie Vereinigungen von Arbeitgebern.

Gewerkschaften und Arbeitgeberverbände vereinbaren für ihre Mitglieder durch die Tarifverträge Rechtsnormen mit Wirkung für und gegen Dritte, die erhebliche Auswirkungen auf die Arbeitsverhältnisse haben.

## Tarifvertrag

Tarifverträge zwischen den tariffähigen tarifzuständigen Parteien bedürfen zu ihrer Wirksamkeit nach § 1 TVG der Schriftform.

Aufgrund der **Tarifautonomie** sind die Tarifparteien befugt, Tarifverträge unabhängig von staatlicher Einflussnahme abzuschließen. Die Folge ist für die Tarifvertragsparteien die Entstehung unmittelbaren und zwingenden Rechts.

Tarifverträge können sowohl als **Verbandstarifverträge** zwischen Gewerkschaften und Arbeitgeberverbänden als auch als **Firmentarifverträge** zwischen Gewerkschaften und einzelnen Arbeitgebern abgeschlossen werden.

Tarifverträge können Lohn- und Gehaltstarifverträge oder Rahmen- oder Manteltarifverträge über allgemeine Arbeitsbedingungen sein.

Dem Tarifvertrag kommt eine Schutzfunktion zu. Die Gewerkschaften können zu einer Stärkung der Rechte der tarifgebundenen Arbeitnehmer beitragen und zu deren Gunsten bessere Arbeitsbedingungen aushandeln und durchsetzen. Hierdurch wird eine stärkere Verhandlungsposition gegenüber dem in der Regel wirtschaftlich überlegenen Arbeitgeber erreicht.

Zusätzlich besteht die Möglichkeit der Partizipation der Arbeitnehmer am wirtschaftlichen Erfolg des Arbeitgebers, zu dem sie durch Bereitstellung ihrer Arbeitskraft beitragen.

Während der Laufzeit des Tarifvertrags können sich die Tarifvertragsparteien auf die Geltung der darin vereinbarten Regelungen verlassen. Hierdurch sind während des vereinbarten Zeitraums für die Arbeitnehmer die Arbeitsbedingungen und für den Arbeitgeber die auf ihn zukommenden Personalkosten und der Ausschluss von Arbeitskampfmaßnahmen aufgrund der geltenden Friedenspflicht kalkulierbar.

Inhaltlich bestehen Tarifverträge nach § 1 Abs. 1, Hs. 1 TVG aus einem **schuldrechtlichen** und nach § 1 Abs. 1, Hs. 2, § 4 Abs. 1 S. 1 TVG einem **normativen Teil.**

Der schuldrechtliche Teil des Tarifvertrags regelt die Rechte und Pflichten der Tarifvertragsparteien.

Der normative Teil des Tarifvertrags regelt Abschluss, Inhalt und Beendigung des Arbeitsverhältnisses sowie betriebliche und betriebsverfassungsrechtliche Fragen.

## Tarifgebundenheit

Grundsätzlich sind nach § 3 Abs. 1 TVG die Mitglieder der Tarifvertragsparteien und der Arbeitgeber, der selbst Partei des Tarifvertrags ist, tarifgebunden.

Im Fall eines **Verbandstarifvertrags** sind hiernach also die **Arbeitnehmer,** die Mitglied in der tarifschließenden Gewerkschaft sind, und die **Arbeitgeber,** die Mitglied des tarifschließenden Arbeitgeberverbandes sind, **tarifgebunden.**

Abweichend von dem **Erfordernis der beiderseitigen Tarifgebundenheit** nach § 4 Abs. 1 S. 1 TVG regelt § 3 Abs. 2 TVG, dass hinsichtlich der **Rechtsnormen über betriebliche und betriebsverfassungsrechtliche Fragen die einseitige Tarifbindung ausreicht.** Diese Rechtsnormen des Tarifvertrags gelten hiernach für alle Betriebe, deren Arbeitgeber tarifgebunden ist und damit also auch für **nicht tarifgebundene Arbeitnehmer.** Hierdurch wird sichergestellt, dass hinsichtlich dieser Fragen einheitliche Regelungen für alle im Betrieb tätigen Arbeitnehmer gelten.

Neben der gesetzlichen Tarifgebundenheit nach § 3 TVG kommt eine Anwendbarkeit in Betracht, wenn der Tarifvertrag für **allgemeinverbindlich** nach § 5 TVG erklärt wurde.

Unabhängig von Mitgliedschaften in Gewerkschaften oder Arbeitgeberverbänden entsteht eine **schuldrechtliche Wirkung des Tarifvertrags** dann, wenn auf den Tarifvertrag im Arbeitsvertrag ausdrücklich Bezug genommen wird. Hierbei kann sich eine **Bezugnahmeklausel** auf einen Tarifvertrag **statisch** in der Fassung bei Abschluss des Arbeitsvertrags oder **dynamisch** auf die jeweils geltende Fassung beziehen.

Ebenso kommt eine schuldrechtliche Geltung der tarifvertraglichen Normen im Falle eines **Betriebsübergangs** nach § 613a Abs. 1 S. 2 BGB in Betracht.

Tarifgebundenheit ist in folgenden Fallkonstellationen zu bejahen:

- Beiderseitige Tarifbindung (§ 3 Abs. 1 TVG)
- Einseitige Tarifbindung des Arbeitgebers – Geltung der Rechtsnormen nach § 3 Abs. 2 TVG auch für tarifungebundene Arbeitnehmer
- Allgemeinverbindlichkeit (§ 5 TVG)
- Schuldrechtliche Wirkung durch arbeitsvertragliche statische/dynamische Bezugnahmeklausel
- Schuldrechtliche Wirkung bei Betriebsübergang (§ 613a Abs. 1 S. 2 BGB)

## Kollektives Arbeitsrecht – kurz und knapp

Das kollektive Arbeitsrecht …

- … stellt eine wichtige Ergänzung zum individuellen Arbeitsrecht dar
- … findet nicht automatisch auf jedes Arbeitsverhältnis Anwendung, sondern setzt das Vorhandensein eines Betriebsrats oder die Anwendung eines Tarifvertrags voraus
- … regelt die Bereiche des Arbeitsrechts, in denen die Arbeitnehmer als Kollektiv – und nicht als Individuum – ihrem Arbeitgeber und dessen Interessenvertretern (den Arbeitgeberverbänden) gegenüberstehen
- … dient dazu, die in der Regel schwächere Stellung der Arbeitnehmer gegenüber dem Arbeitgeber auszugleichen
- … enthält Rahmenvorschriften, deren konkrete Ausgestaltung durch die Betroffenen erfolgt
- … umfasst das Mitbestimmungsrecht auf Betriebsebene
- … umfasst das Koalitionsrecht und das Tarifvertragsrecht
- … hat eine besondere sozialpolitischen Bedeutung

# Aufbau der Arbeitsgerichtsbarkeit

Auch im Zusammenhang mit Arbeitsverhältnissen kommt es immer wieder zu Meinungsverschiedenheiten der beteiligten Parteien, die einer gerichtlichen Klärung bedürfen, sofern eine einvernehmliche gemeinsame Einigung – auch etwa durch Mediation – nicht möglich ist.

Häufig ist die Beendigung des Arbeitsverhältnisses Gegenstand arbeitsgerichtlicher Verfahren. Resultierend aus bestehenden Uneinigkeiten zwischen den Vertragsparteien wird in vielen Fällen eine Klärung – teils in verschiedenen Instanzenzügen – vor Gericht erforderlich.

Das Erfordernis einer Anrufung der Arbeitsgerichte ergibt sich im Falle des Vorliegens einer schriftlichen arbeitgeberseitigen Kündigung bereits aus § 4 S. 1 KSchG, wonach hiergegen innerhalb von drei Wochen Kündigungsschutzklage bei den Arbeitsgerichten eingereicht werden muss, um die Wirksamkeitsfiktion des § 7 KSchG zu verhindern.

Die Arbeitsgerichte sind für eine Vielzahl verschiedener Bereiche zuständig. Die Zuständigkeit der Arbeitsgerichte ist im Arbeitsgerichtgesetz (ArbGG) geregelt.

Die Streitgegenstände, die zu einer ausschließlichen Zuständigkeit der Arbeitsgerichte im Urteilsverfahren führen, werden in § 2 ArbGG aufgelistet. Die Zuständigkeiten der Arbeitsgerichte in Beschlussverfahren werden in § 2a ArbGG aufgeführt.

Hinsichtlich des Rechtswegs und der Zuständigkeit enthält § 48 ArbGG spezielle Regelungen.

Die Gerichte für Arbeitssachen sind die **Arbeitsgerichte** gemäß § 14 ff. ArbGG, die **Landgerichte** gemäß § 33 ff. ArbGG und das **Bundesarbeitsgericht** mit Sitz in Erfurt gemäß § 40 ArbGG.

Die Kammern der Arbeitsgerichte und der Landesarbeitsgerichte sind mit einem Vorsitzenden und je einem ehrenamtlichen Richter aus Kreisen der Arbeitnehmer und Arbeitgeber besetzt. Die Senate des Bundesarbeitsgerichts sind mit einem Vorsitzenden, zwei berufsrichterlichen Beisitzern und je einem ehrenamtlichen Richter aus Kreisen der Arbeitnehmer und Arbeitgeber besetzt.

Aufgrund der Spezialregelungen des § 11 Abs. 1 S. 1 ArbGG können die Parteien vor dem Arbeitsgericht den Rechtsstreit selber führen. Vor dem Landesarbeitsgericht und dem Bundesarbeitsgericht müssen sich die Parteien nach den allgemeinen Vorschriften der Zivilprozessordnung vertreten lassen.

Hinsichtlich des Verfahrensablaufs sind verschiedene spezialgesetzliche Regelungen im Arbeitsgerichtsgesetz enthalten.

## Urteilsverfahren

Urteilsverfahren nach § 2 ArbGG sind Streitigkeiten zwischen Arbeitnehmern und Arbeitgebern aus dem Arbeitsverhältnis, Rechtsstreitigkeiten zwischen Tarifvertragsparteien sowie vergleichbare Sachverhalte. In den Urteilsverfahren bringen die Parteien die Tatsachen selber vor.

In erster Instanz findet zunächst eine Güteverhandlung vor dem Vorsitzenden statt, in der nach § 54 Abs. 1 ArbGG das gesamte Streitverhältnis mit dem Ziel einer gütlichen Einigung zu erörtern ist. Wird keine Einigung erzielt, findet die Verhandlung vor der Kammer statt.

Gegen das Urteil des Arbeitsgerichts kommen als Rechtsmittel die Berufung und Revision in Betracht.

## Beschlussverfahren

Beschlussverfahren nach § 2a ArbGG sind beispielsweise Angelegenheiten aus dem Betriebsverfassungsgesetz, dem Sprecherausschussgesetz und Mitbestimmungsgesetzen sowie Fragen im Zusammenhang mit tarifrechtlichen Fragestellungen. Hierbei wird der Sachverhalt durch die Gerichte ermittelt.

Gegen Beschlüsse kommen als Rechtsmittel die Beschwerde und die Rechtsmittelbeschwerde in Betracht.

# Fazit

Das Arbeitsrecht regelt durch zahlreiche unterschiedliche Rechtsquellen die Begründung, Inhalt und Beendigung von Arbeitsverhältnissen.

Das Arbeitsrecht ist besonders von der Intention geprägt, einen besonderen Schutz der Arbeitnehmer zu gewährleisten. Hierdurch wird der besondere für den Arbeitnehmer existenzsichernde Charakter des Arbeitsverhältnisses berücksichtigt.

Das Arbeitsrecht wird in Individual- und Kollektivarbeitsrecht unterteilt.

Arbeitsrechtliche Rechtsstreitigkeiten sind speziell im Arbeitsgerichtsgesetz geregelt.

# Über die Autorin

**Prof. Dr. Maike Langenhan-Komus** studierte Rechtswissenschaften an den Universitäten in Münster und Mainz und wurde an der Universität zu Köln zum Dr. iur. promoviert.

Nach ihrem Referendariat in Mainz, New York und Frankfurt a. M. war sie langjährig als Fachanwältin für Arbeitsrecht in einer international tätigen Wirtschaftskanzlei in Frankfurt a. M. und München tätig. Während ihrer anschließenden Tätigkeit als Führungskraft bei der Landeshauptstadt München war sie zusätzlich als Coach für Führungskräfte, Trainerin, Beobachterin in ACs und als Lehrbeauftragte der Hochschule für angewandte Wissenschaften München aktiv. Kurze Zeit nach ihrem Wechsel zum Bayerischen Staatsministerium für Wissenschaft und Kunst wurde die Autorin auf eine Professur für Arbeits- und Wirtschaftsrecht an der Fachhochschule Erfurt berufen, wo sie seitdem tätig ist.

# Hinweise zu den verwendeten Quellen

Um den im Vorwort beschriebenen Nutzen dieses Crashkurses zu erreichen, wurde bewusst auf die Darstellung verschiedener Meinungen in der Literatur und der ausführlichen Darstellung unterschiedlicher Rechtsprechung verzichtet.

Die hier dargestellten Ausführungen werden daher nicht einzeln mit Quellenangaben versehen. An dieser Stelle sei darauf hingewiesen, dass sich die Ausführungen sowohl auf die Expertise der Autorin als auch auf folgende im Verlag C. H. Beck erschienene Werke, wie insbesondere den Erfurter Kommentar, Schaub, Arbeitsrechtshandbuch, sowie Lehrbücher der Autoren Dütz/Thüsing und Junker stützen.

**Impressum:**
Verlag C. H. Beck im Internet: www.beck.de
ISBN Print: 978-3-406-78272-5
ISBN E-Book: 978-3-406-78273-2

Wilhelmstraße 9, 80801 München
Satz: Fotosatz Buck, Kumhausen
Druck und Bindung: Beltz Bad Langensalza GmbH,
Am Fliegerhorst 8, 99947 Bad Langensalza
Umschlaggestaltung: Ralph Zimmermann – Bureau Parapluie
Umschlagbild: ©ginasanders – depositphotos.com (modifiziert)

chbeck.de/nachhaltig

Gedruckt auf säurefreiem, alterungsbeständigem Papier (hergestellt aus chlorfrei gebleichtem Zellstoff)